# DISCLAIMER

The author and publisher are providing this book and its contents on an "as is" basis and make no representations or warranties of any kind with respect to this book or its contents. The author and publisher disclaim all such representations and warranties, including but not limited to warranties of merchantability. In addition, the author and publisher do not represent or warrant that the information accessible via this book is accurate, complete, or current.

Except as specifically stated in this book, neither the author nor publisher, nor any authors, contributors, or other representatives will be liable for damages arising out of or in connection with the use of this book. This is a comprehensive limitation of liability that applies to all damages of any kind, including (without limitation) compensatory; direct, indirect, or consequential damages; loss of data, income, or profit; loss of or damage to property; and claims of third parties.

Copyright © 2022 LINGUAS CLASSICS

# BESTACTIVITYBOOKS.COM

All rights reserved. No part of this book may be reproduced or used in any manner without the written permission of the copyright owner except for the use of quotations in a book review.

FIRST EDITION - Published 2022

Extra Graphic Material From: www.freepik.com
Thanks to: alekksall, Starline, Pch.vector, Rawpixel.com, Vectorpocket, Dgim-studio, Upklyak, Macrovector, Stockgiu, Pikisuperstar & Freepik.com Designers

This Book Comes With Free Bonus Puzzles Available Here:

**BestActivityBooks.com/WSBONUS20**

# 5 TIPS TO START!

## 1) HOW TO SOLVE

The Puzzles are in a Classic Format:

- Words are hidden without breaks (no spaces, dashes, ...)
- Orientation: Forward & Backward, Up & Down or in Diagonal (can be in both directions)
- Words can overlap or cross each other

## 2) ACTIVE LEARNING

To encourage learning actively, a space is provided next to each word to write down the translation. The **DICTIONARY** allows you to verify and expand your knowledge. You can look up and write down each translation, find the words in the Puzzle then add them to your vocabulary!

## 3) TAG YOUR WORDS

Have you tried using a tag system? For example, you could mark the words which have been difficult to find with a cross, the ones you loved with a star, new words with a triangle, rare words with a diamond and so on...

## 4) ORGANIZE YOUR LEARNING

We also offer a convenient **NOTEBOOK** at the end of this edition. Whether on vacation, travelling or at home, you can easily organize your new knowledge without needing a second notebook!

## 5) FINISHED?

Go to the bonus section: **MONSTER CHALLENGE** to find a free game offered at the end of this edition!

Want more fun and learning activities? It's **Fast and Simple!**
An entire Game Book Collection just **one click away!**

Find your next challenge at:

BestActivityBooks.com/MyNextWordSearch

# Ready, Set... Go!

Did you know there are around 7,000 different languages in the world? Words are precious.

We love languages and have been working hard to make the highest quality books for you. Our ingredients?

A selection of indispensable learning themes, three big slices of fun, then we add a spoonful of difficult words and a pinch of rare ones. We serve them up with care and a maximum of delight so you can solve the best word games and have fun learning!

-------

Your feedback is essential. You can be an active participant in the success of this book by leaving us a review. Tell us what you liked most in this edition!

Here is a short link which will take you to your order page.

### BestBooksActivity.com/Review50

Thanks for your help and enjoy the Game!

*Linguas Classics Team*

# 1 - Antiques

```
Đ  B  K  H  C  Á  C  G  N  O  H  P  G  N
L  Ồ  Ộ  I  Ồ  H  C  Ụ  H  P  T  Đ  I  G
G  N  N  S  A  K  Ấ  P  C  G  R  Ấ  Á  H
I  N  C  G  Ư  C  B  T  Ậ  H  T  U  Y  Ệ
I  Y  O  C  X  U  H  T  L  N  A  G  D  T
A  C  B  B  G  U  T  Y  R  Ư  V  I  Í  H
T  H  Ế  K  Ỷ  Đ  Ấ  Ậ  C  T  Ợ  Á  R  U
L  P  U  K  I  I  H  N  P  U  G  N  T  Ậ
O  B  G  L  U  Ê  T  R  I  Ã  I  H  G  T
B  U  V  M  B  U  I  B  L  Đ  Á  Y  N  M
P  M  I  Y  O  K  Ộ  D  L  M  T  A  A  A
N  H  C  Ị  L  H  N  A  H  T  R  K  R  R
D  G  K  G  A  Ắ  Ồ  R  H  K  Ị  C  T  M
M  G  Q  T  Ũ  C  Đ  V  V  B  Y  L  D  K
```

NGHỆ THUẬT  
ĐẤU GIÁ  
THẬT  
THẾ KỶ  
ĐỒNG XU  
THU  
TRANG TRÍ  
THANH LỊCH  
ĐỒ NỘI THẤT  

BỘ SƯU TẬP  
ĐẦU TƯ  
CŨ  
GIÁ  
CHẤT LƯỢNG  
PHỤC HỒI  
ĐIÊU KHẮC  
PHONG CÁCH  
GIÁ TRỊ

# 2 - Food #1

| Đ | T | I | K | L | O | V | Y | D | V | Q | N | A | D |
|---|---|---|---|---|---|---|---|---|---|---|---|---|---|
| Y | Ư | O | G | T | Q | Y | I | B | Q | L | Ư | O | Â |
| P | R | Ờ | T | R | H | C | H | A | N | H | Ớ | N | U |
| Ú | T | U | N | Ừ | M | Y | D | Y | H | C | C | P | T |
| S | Ữ | A | R | G | T | Ỏ | I | R | L | Ạ | É | C | Â |
| S | I | H | B | N | B | C | P | K | R | M | P | N | Y |
| R | A | T | Y | Á | I | N | M | L | A | A | Q | H | O |
| M | C | L | H | C | R | A | N | G | U | Ú | Q | O | O |
| Q | O | M | A | C | À | R | Ố | T | B | L | U | D | U |
| G | N | H | C | D | Y | Q | R | O | I | C | Ế | P | P |
| A | Q | V | À | C | Ủ | C | Ả | I | N | P | B | R | G |
| H | P | M | O | N | M | U | Ố | I | A | L | R | G | H |
| G | K | G | N | Ụ | H | P | U | Ậ | Đ | Ê | K | G | A |
| Q | U | Ả | M | Ơ | U | H | Ú | N | G | Q | U | Ế | T |

QUẢ MƠ
LÚA MẠCH
HÚNG QUẾ
CÀ RỐT
QUẾ
TỎI
NƯỚC ÉP
CHANH
SỮA
HÀNH

ĐẬU PHỤNG
LÊ
SALAD
MUỐI
SÚP
RAU BINA
DÂU TÂY
ĐƯỜNG
CÁ NGỪ
CỦ CẢI

# 3 - Measurements

```
I U C R C K O U N C E T U P
N Ấ T Â M A I À D U Ề I H C
C A B V N É Y L I V U O Y H
H G R A M N T N Ô D B Y T E
G O Q K K R Ặ Y K M Y U R T
K I L Ô G A M N O K É R C H
Â Y T P N A K I G U O T H Ậ
M U K D Ợ U O Y T K Q E I P
L L Í T Ư Â P R P H Y M Ề P
Ư R V P L S A B V R Y I U H
Ợ C C K I Ộ Đ H N Ì R T C Â
N I H B Ố Đ R G O U B N A N
G N T K H I P H Ú T D E O I
K D H Y K L H G I K K C U H
```

BYTE
CENTIMET
THẬP PHÂN
TRÌNH ĐỘ
ĐỘ SÂU
GRAM
CHIỀU CAO
INCH
KILÔGAM
KILÔMÉT
CHIỀU DÀI
LÍT
KHỐI LƯỢNG
MÉT
PHÚT
OUNCE
TẤN
ÂM LƯỢNG
CÂN NẶNG

# 4 - Farm #2

| | | | | | | | | | | | |
|---|---|---|---|---|---|---|---|---|---|---|---|
| Ẻ | P | A | P | G | D | P | G | O | Q | H | Đ | C | N |
| C | H | Í | N | C | Ừ | U | A | R | Y | O | Ồ | Ố | I |
| V | G | T | Y | H | Q | H | R | K | Â | Q | N | I | A |
| L | Y | U | T | L | Ú | A | M | Ạ | C | H | G | X | P |
| A | T | Ổ | O | N | G | Ữ | A | Q | I | B | C | A | H |
| N | A | H | É | Y | N | S | V | Q | Á | N | Ỏ | Y | A |
| I | N | I | K | T | Ỗ | V | Ị | T | R | B | H | G | A |
| Đ | G | T | Y | M | G | D | D | K | T | V | P | I | Q |
| N | Ộ | C | Á | G | N | B | R | G | N | H | I | Ó | H |
| G | A | N | M | L | Ú | A | M | Ì | N | Q | R | H | A |
| N | U | O | G | A | R | Ự | U | G | K | M | V | B | K |
| N | G | Q | K | V | U | V | Y | O | B | C | B | I | I |
| N | Q | Ô | I | L | Ậ | T | H | Ứ | C | Ă | N | L | D |
| I | Ợ | L | Y | Ủ | H | T | N | Ô | N | G | D | Â | N |

ĐỘNG VẬT  
LÚA MẠCH  
VỰA  
TỔ ONG  
NGÔ  
VỊT  
NÔNG DÂN  
THỨC ĂN  
TRÁI CÂY  
NGỖNG  

THỦY LỢI  
ĐỒNG CỎ  
SỮA  
THỎ  
CHÍN  
CỪU  
MÁY KÉO  
RAU  
LÚA MÌ  
CỐI XAY GIÓ

# 5 - Books

```
Y H A C U U N Ừ D K L H B B
C B V U N Ơ H T T U O C D Q
T Ó R G V Y Â B Ố I C Ả N H
R U L C Ọ H N Ă V A N K K Q
A Y I I Q M V T Y Y P C É T
N U D B Ê B Ậ C Á L D Y O I
G N V P M N T N L C I T D Ể
Q V I Ế T V Q V L B G L À U
S Á N G T Ạ O U Q O Q I I T
N G Ư Ờ I Đ Ọ C A C Ạ T Ả H
B I K Ị C H O D G N D T G U
C Â U C H U Y Ệ N L C G G Y
U U H C T L Ị C H S Ử U P Ế
B À I T H Ơ H À I H Ư Ớ C T
```

TÁC GIẢ
NHÂN VẬT
BỐI CẢNH
KÉO DÀI
LỊCH SỬ
HÀI HƯỚC
SÁNG TẠO
VĂN HỌC
TIỂU THUYẾT
TRANG

BÀI THƠ
THƠ
NGƯỜI ĐỌC
CÓ LIÊN QUAN
LOẠT
CÂU CHUYỆN
BI KỊCH
TỪ
VIẾT

# 6 - Meditation

| H | Ạ | N | H | P | H | Ú | C | V | D | T | L | C | L |
|---|---|---|---|---|---|---|---|---|---|---|---|---|---|
| L | L | T | H | Ở | H | C | Ạ | Y | Q | H | Ò | H | Ặ |
| G | Ò | Í | H | R | N | B | H | T | Y | I | N | Ấ | N |
| B | O | N | T | T | P | Y | N | I | C | Ê | G | P | G |
| N | O | U | G | R | P | G | M | M | Ả | N | B | N | K |
| C | H | Ú | Ý | T | Í | Y | Â | L | M | N | I | H | B |
| T | I | D | B | M | Ố | C | N | Ặ | X | H | Ế | Ậ | Y |
| R | Õ | R | À | N | G | T | N | N | Ú | I | T | N | H |
| S | U | Y | N | G | H | Ĩ | Ầ | G | C | Ê | Ơ | Q | Ò |
| I | Ạ | H | G | N | Ơ | Ư | H | T | A | N | N | I | A |
| M | N | A | A | O | Ở | À | R | T | G | N | O | H | P | B |
| Q | U | A | N | Đ | I | Ể | M | B | Q | K | I | V | Ì |
| B | N | Y | H | A | A | B | Â | T | T | B | K | K | N |
| N | E | U | Q | I | Ó | H | T | M | N | P | A | G | H |

CHẤP NHẬN  
CHÚ Ý  
THỞ  
LẶNG  
RÕ RÀNG  
THƯƠNG HẠI  
CẢM XÚC  
LÒNG BIẾT ƠN  
THÓI QUEN  
HẠNH PHÚC  

LÒNG TỐT  
TÂM THẦN  
LÍ TRÍ  
PHONG TRÀO  
ÂM NHẠC  
THIÊN NHIÊN  
HÒA BÌNH  
QUAN ĐIỂM  
IM LẶNG  
SUY NGHĨ

# 7 - Days and Months

```
T Ộ M G N Á H T N H V C I C
B H G T H Á N G T Ư L Ó A H
M I Á Q A T Q D I M Ị T H Ủ
B M Ă N Ứ H T B V A C H G N
I Ờ Ư M G N Á H T T H Ể N H
T B B Ă T B Y A H H T Ứ Á Ậ
R R H N D H Ả L Á Ứ H I H T
I G O A N H Ứ Y N B Á R T T
T H Á N G 9 T S G Ả N Ầ U T
I U R P O K H V Á Y G Y R P
N G À Y G C Ứ B K U S O Q C
T H Ứ T Ư C B I V Y Á D L U
Y U Y Q D B A C A B U Q C N
N C L N C P H K D K Q Q M C
```

THÁNG TƯ
NGÀY
LỊCH
THÁNG HAI
THỨ SÁU
THÁNG MỘT
THÁNG BẢY
THÁNG SÁU
CÓ THỂ
THỨ HAI

THÁNG
THÁNG MƯỜI
THỨ BẢY
THÁNG 9
CHỦ NHẬT
THỨ NĂM
THỨ BA
THỨ TƯ
TUẦN
NĂM

# 8 - Energy

```
N O B R A C Y H P H B I T P
C H I O R U P Y N Ơ C G Á H
Ô M I C H Q O D Ó I G A I O
N Ô N Ễ Ử Ạ R R O N P L T T
G I H K T V O O Ư P E Ạ O
N T I L N N N N H Ớ C S O N
G R Ê X Ễ R E D H C P E Y T
H Ư N Ă I A B G H Â P I U U
I Ờ L N Đ G A H Q Đ N D N A
Ễ N I G A O Q M Ễ I H N Ô B
P G Ễ R I O L N Q Ễ H G V I
O M U D A Q Ơ C G N Ộ Đ U N
N P I O L T V A Y G R D D Q
H Y L K O K G T R O R D L N
```

PIN
CARBON
DIESEL
ĐIỆN
ĐIỆN TỬ
ENTROPY
MÔI TRƯỜNG
NHIÊN LIỆU
XĂNG
NHIỆT

HYDRO
CÔNG NGHIỆP
ĐỘNG CƠ
HẠT NHÂN
PHOTON
Ô NHIỄM
TÁI TẠO
HƠI NƯỚC
TUA-BIN
GIÓ

# 9 - Chess

| | | | | | | | | | | | | |
|---|---|---|---|---|---|---|---|---|---|---|---|---|
| U | N | E | Đ | G | L | C | V | L | V | O | T | R | D |
| T | Â | Ữ | Ủ | T | I | D | P | V | Y | R | H | P | D |
| A | U | V | H | L | R | Ả | O | T | K | T | Ô | T | H |
| A | Q | Y | T | O | U | Ắ | I | V | C | L | N | C | N |
| G | N | R | I | K | À | H | N | Đ | A | D | G | U | G |
| Q | Á | P | Ố | Q | M | N | K | G | Ấ | I | M | Ộ | Ư |
| M | U | P | Đ | H | G | L | G | I | R | U | I | C | Ờ |
| Y | Q | Đ | Ư | Ờ | N | G | C | H | É | O | N | T | I |
| H | Y | S | I | N | H | Đ | I | Ể | M | N | H | H | C |
| Q | U | Y | T | Ắ | C | A | Y | H | M | R | K | I | H |
| T | H | Ờ | I | G | I | A | N | G | A | D | H | I | Ơ |
| O | O | T | H | Ụ | Đ | Ộ | N | G | Y | R | R | U | I |
| O | L | P | Y | L | C | H | I | Ế | N | L | Ư | Ợ | C |
| T | R | Ò | C | H | Ơ | I | B | V | O | A | C | Q | U |

ĐEN
QUÁN QUÂN
THÔNG MINH
CUỘC THI
ĐƯỜNG CHÉO
TRÒ CHƠI
VUA
ĐỐI THỦ
THỤ ĐỘNG

NGƯỜI CHƠI
ĐIỂM
NỮ HOÀNG
QUY TẮC
HY SINH
CHIẾN LƯỢC
THỜI GIAN
GIẢI ĐẤU
TRẮNG

# 10 - Archeology

```
H I C Q B B V Õ M V Q C N Đ
G Ó Q Y P Í P R Ộ I G V Ề Á
U I A P P O Ẩ G B Y Y D N N
H B N T Q L U N Q T V I V H
A R D G H K B Ô Ê D C T Ă G
I V K U Q Ạ Ổ H L U K Í N I
G I Á O S Ư C K P L Q C M Á
N Ộ H M D B C H D R Y H I B
Ê Đ Đ Ố I T Ư Ợ N G R H N B
Y Y R G T À N T Í C H H H L
U B Q Ồ M Ả N H D G I L Q O
H N Ề Đ I Ô G N X Ư Ơ N G A
C L U C K Ỷ N G U Y Ê N V T
P H Â N T Í C H Q C K P K Y
```

PHÂN TÍCH  
CỔ  
XƯƠNG  
NỀN VĂN MINH  
KỶ NGUYÊN  
ĐÁNH GIÁ  
CHUYÊN GIA  
QUÊN  
HÓA THẠCH  
MẢNH  

BÍ ẨN  
ĐỐI TƯỢNG  
ĐỒ GỐM  
GIÁO SƯ  
DI TÍCH  
TÀN TÍCH  
ĐỘI  
NGÔI ĐỀN  
MỘ  
KHÔNG RÕ

# 11 - Food #2

```
C R M B S Ữ A C H U A O K G
Q Ằ Ấ T Ô I M I B Á C V I Ạ
B T N M R N U S Ô C Ô L A O
N H O T H Ứ G N I C C L M Á
C I À G Â V N C M M L Ú Ô T
À O Đ B C Y Ô G Ả D N A H V
T A H I Y N B T D I L M P B
Í U N N A Y M C H Ố X Ì K D
M D A L B V Ă T D U C A R Y
O B Ả P P D I H L H K U N L
D C U N T I G G U C B H D H
O L Q L H M N M Q V H C U K
O N U A T I S Ô G O H À A A
Q U Ả K I W I D T T I C V G
```

TÁO  
ATISÔ  
CHUỐI  
BÔNG CẢI XANH  
CẦN TÂY  
PHÔ MAI  
QUẢ ANH ĐÀO  
GÀ  
SÔ CÔ LA  
TRỨNG  

CÀ TÍM  
CÁ  
NHO  
GIĂM BÔNG  
QUẢ KIWI  
NẤM  
GẠO  
CÀ CHUA  
LÚA MÌ  
SỮA CHUA

# 12 - Chemistry

| | | | | | | | | | | | | |
|---|---|---|---|---|---|---|---|---|---|---|---|---|
| H | D | T | B | C | E | M | Y | Z | N | E | K | R | V |
| Ạ | C | Á | T | C | Ú | X | T | Ấ | H | C | U | A | K |
| T | C | Â | N | N | Ặ | N | G | L | I | V | Y | N | I |
| N | I | T | Ộ | O | D | N | B | P | Ẽ | I | I | B | Ề |
| H | K | G | Đ | H | A | L | Q | G | T | V | I | O | M |
| Â | Q | R | T | N | G | U | Y | Ê | N | T | Ử | U | N |
| N | L | B | Ệ | H | A | Ô | X | Y | T | C | M | Ử | C |
| M | U | Ố | I | I | X | U | K | G | O | U | Y | T | H |
| T | U | Q | H | Ử | I | T | C | A | R | B | O | N | Ấ |
| N | L | H | N | C | T | B | O | L | D | K | L | Â | T |
| G | L | D | L | C | G | N | G | V | Y | U | C | H | L |
| L | A | R | H | V | Y | R | Ệ | Í | H | K | I | P | Ỏ |
| P | N | C | L | O | B | O | H | I | T | R | D | Q | N |
| H | Ữ | U | C | Ơ | T | P | U | O | Đ | U | P | V | G |

AXIT
KIỀM
NGUYÊN TỬ
CARBON
CHẤT XÚC TÁC
CLO
ĐIỆN TỬ
ENZYME
KHÍ
NHIỆT

HYDRO
ION
CHẤT LỎNG
PHÂN TỬ
HẠT NHÂN
HỮU CƠ
ÔXY
MUỐI
NHIỆT ĐỘ
CÂN NẶNG

# 13 - Music

| | | | | | | | | | | | | |
|---|---|---|---|---|---|---|---|---|---|---|---|---|
| G | D | Ĩ | D | A | L | L | A | B | T | C | C | H | U |
| A | I | S | M | Ụ | N | H | Ị | P | Q | L | Ổ | Ò | Q |
| Ộ | N | A | Â | T | N | L | M | Q | L | M | Đ | A | Q |
| Đ | Q | C | I | U | I | G | B | K | D | G | I | H | Q |
| N | I | R | H | Đ | Ĩ | S | C | Ạ | H | N | Ể | Ợ | N |
| Ế | N | Ệ | G | I | I | U | L | Ụ | N | U | N | P | D |
| I | H | P | P | V | M | Ễ | H | P | O | P | E | R | A |
| T | Ị | V | G | K | G | M | U | B | L | A | N | T | T |
| Á | P | E | N | O | H | P | O | R | C | I | M | H | R |
| H | N | C | G | T | O | Ú | I | N | Q | L | O | Ơ | Ữ |
| Q | H | H | Y | B | L | Q | C | Ạ | H | N | M | Â | T |
| Y | À | M | N | V | G | I | Ọ | N | G | H | Á | T | Ì |
| U | N | O | M | Q | V | Y | K | R | M | C | O | M | N |
| M | G | N | K | G | K | T | Y | Y | H | I | Y | U | H |

ALBUM
BALLAD
ĐIỆP KHÚC
CỔ ĐIỂN
HÒA HỢP
DỤNG CỤ
TRỮ TÌNH
GIAI ĐIỆU
MICROPHONE
ÂM NHẠC

NHẠC SĨ
OPERA
THƠ
GHI ÂM
NHỊP
NHỊP NHÀNG
HÁT
CA SĨ
TIẾN ĐỘ
GIỌNG HÁT

# 14 - Family

| | | | | | | | | | | | | |
|---|---|---|---|---|---|---|---|---|---|---|---|---|
| O | M | Ẹ | R | D | P | A | E | M | G | Á | I | C | C |
| D | P | I | B | M | A | H | N | H | V | M | B | H | H |
| C | Q | M | V | P | L | C | Ọ | H | M | E | À | Ồ | Á |
| M | O | M | N | G | I | C | O | N | T | Ẻ | C | N | U |
| C | O | N | G | Á | I | C | M | O | Y | R | A | G | G |
| C | T | O | I | N | D | H | O | N | V | T | A | K | Á |
| O | H | Ổ | N | T | B | Á | V | H | T | Q | V | I | I |
| Y | N | Ú | T | B | M | U | V | P | I | U | H | P | T |
| C | U | R | A | I | U | Y | C | M | P | P | G | D | B |
| T | A | K | N | M | Ê | B | T | T | K | V | Ợ | B | I |
| Y | N | I | K | U | D | N | N | N | H | M | K | N | K | D |
| C | H | Á | U | T | R | A | I | M | N | B | D | D | T |
| T | H | Ờ | I | T | H | Ơ | Ấ | U | D | Ô | N | G | D |
| B | R | H | G | D | R | G | G | M | Ì | B | H | A | P |

TỔ TIÊN  
DÌ  
ANH TRAI  
CON  
THỜI THƠ ẤU  
TRẺ EM  
EM HỌ  
CON GÁI  
ÔNG  
BÀ  

CHÁU TRAI  
CHỒNG  
MẸ  
CHÁU  
CHÁU GÁI  
CHA  
EM GÁI  
CHÚ  
VỢ

# 15 - Farm #1

```
A K K K M T M N C P K B R C
P K G U G T M U O H D C Ò H
H G T I V A Ự G N Â H R Y Ó
I Ạ C O N M È O Q N À T T Y
K Y T H P G Y L U B N M G R
Y K Y G Ễ À U Q Ạ Ó G B A G
B A T N I T I P P N R Ắ R U
M T B O H Ố R O Y Y À P T I
L N O N G V N Ư P E O C Q I
C P D O N P Y G Ờ K Q H V C
R L Ê C G N Ư Ớ C N T Â V M
L T C G N O T Ậ M O G N B G
O T M L Ô H K Ỏ C D G Ạ O D
Q C C G N B Ò R Ừ N G K A D
```

NÔNG NGHIỆP
CON ONG
BÒ RỪNG
BẮP CHÂN
CON MÈO
GÀ
BÒ
CON QUẠ
CHÓ
DONKEY

HÀNG RÀO
PHÂN BÓN
TRƯỜNG
DÊ
CỎ KHÔ
MẬT ONG
NGỰA
GẠO
HẠT GIỐNG
NƯỚC

# 16 - Camping

| Đ | T | Ồ | C | R | M | C | Ô | N | T | R | Ù | N | G |
| D | Ộ | Đ | Â | Ừ | P | G | P | Ắ | V | G | T | Ê | N |
| Â | V | N | Y | N | L | C | A | B | I | N | H | I | Ă |
| Y | U | Ả | G | G | Y | G | Ử | N | M | Õ | I | H | R |
| T | I | B | Q | V | G | Q | L | Ă | Y | V | Ế | N | T |
| H | V | B | A | Y | Ậ | B | C | S | U | G | T | N | T |
| Ừ | Ẻ | O | P | U | Q | T | R | V | L | L | B | Ê | Ặ |
| N | G | B | Y | D | A | H | O | P | G | Ề | Ị | I | M |
| G | L | Y | M | A | B | L | A | B | À | N | U | H | M |
| A | C | O | I | A | D | R | T | A | I | V | M | T | Ũ |
| D | O | I | M | C | I | Q | H | L | U | R | N | I | Y |
| H | A | N | A | U | G | A | Q | D | U | C | V | I | K |
| Ồ | V | P | Ú | X | U | Ồ | N | G | G | O | P | K | N |
| I | G | H | I | I | Y | R | I | M | D | H | C | Y | Y |

ĐỘNG VẬT
CABIN
XUỒNG
LA BÀN
THIẾT BỊ
LỬA
RỪNG
VUI VẺ
VÕNG
MŨ

SĂN BẮN
CÔN TRÙNG
HỒ
BẢN ĐỒ
MẶT TRĂNG
NÚI
THIÊN NHIÊN
DÂY THỪNG
LỀU
CÂY

# 17 - Algebra

```
P T N U O D T S Y C B I Ế N
H M Ũ A N H U Ố S N Â H P Y
Ư Đ B B G M Y L T D R L B C
Ơ Ơ C C O Q Ế Ư M A T R Ậ N
N N I T Ặ R N Ợ M M Q Y G P
G G U C C L T N Ạ H Ô V G P
T I K Ứ Y L Í G B K P D V H
R Ả S H R I N C Q V Q B R É
Ì N Ố T P Á H P I Ả I G V P
N H K G I Ả I Q U Y Ế T Ấ T
H Ó H N A I P L Y N O B N R
H A Ô Ô S N Ồ Đ Ơ S D I Đ Ừ
Y M N C U N M H I A Ố A Ề D
Y G G R K L U Q P R B R C U
```

SƠ ĐỒ
PHƯƠNG TRÌNH
MŨ
TỐ
SAI
CÔNG THỨC
PHÂN SỐ
VÔ HẠN
TUYẾN TÍNH
MA TRẬN
SỐ
NGOẶC
VẤN ĐỀ
SỐ LƯỢNG
ĐƠN GIẢN HÓA
GIẢI PHÁP
GIẢI QUYẾT
PHÉP TRỪ
BIẾN
SỐ KHÔNG

# 18 - Numbers

```
Y Q H C N D R V Q R D N R O
T U U H T O K U B A K M O R
H A Á Í Q T N G N K N K T Q
L A S N D M Y A T M Ă N U U
G T I A H I Ờ Ư M Ư T Á M A
R H Ờ M I M M Y P Ờ R I N B
R Ậ Ư Y Ư Y Á Ả Ả I M Ư Ờ I
M P M S A Ơ T B M B P U G Ờ
M P G L Á G I M Ư Ố I D P Ư
Ộ H U B C U Ờ T Ờ N I Ờ A M
T Â A N L R Ư Y I Ố A A Ư H
M N L G D A M H L B H O G M
V D T A N O L N Ă P A G D R
M Ư Ờ I C H Í N M P I D O D
```

THẬP PHÂN  
TÁM  
MƯỜI TÁM  
MƯỜI LĂM  
NĂM  
BỐN  
MƯỜI BỐN  
CHÍN  
MƯỜI CHÍN  
MỘT  

BẢY  
MƯỜI BẢY  
SÁU  
MƯỜI SÁU  
MƯỜI  
MƯỜI BA  
BA  
MƯỜI HAI  
HAI MƯƠI  
HAI

# 19 - Spices

```
G T O U M V I V C Q I V C R
T H Ì L À C H K Â L U G G Q
Đ K Q G Ớ C V Q Y P H Ế A N
C Ắ M K T Ỏ K G H P Y B C H
O O N B C C M H Ồ C A R Q Ư
N L T G Ự À K Y I Ỏ T V N Ơ
G H N N A R L Q Ố Ù U O B N
H M A Ừ G I G C U O M O A G
Ễ T R G À T A M M N N U C V
T C Â Y T H Ì L À N Y Q A !
Â D V P Ọ T H Ả O Q U Ả M R
Y L L R G H À N H C À R I D
M I O N N Y N G M D Y O B N
Đ I N H H Ư Ơ N G V A N I B
```

CÂY HỒI
ĐẮNG
THẢO QUẢ
QUẾ
ĐINH HƯƠNG
RAU MÙI
CÂY THÌ LÀ
CÀ RI
THÌ LÀ
CỎ CÀ RI

HƯƠNG VỊ
TỎI
GỪNG
HÀNH
ỚT CỰA GÀ
NGHỆ TÂY
MUỐI
NGỌT
VANI

# 20 - Mammals

```
C U K N C Ỏ P T L Y C H C Q
K Á R A R H I Y R K O Ả H A
H V V Q M T Ó U U G N I Ó K
Ỉ A A O K T C C G C V L S H
Đ B G R I U C Ừ Ấ Á O Y Ó Ỉ
Ộ B Ò Đ Ự C O U U H I C I H
T P L A P G Y P B E K B S Ư
L B Q L U Q O N L O M H Ư Ơ
D Q H L U M T Ằ L È Á M T U
R H M N D H E V C M T Ử C
U G V L O O R A G N A K U A
N G Ự A D C P Ự A O Y K A O
T Y T L R N L G U C G G T C
I G Y I L T K N P B B U Q Ổ
```

GẤU  
HẢI LY  
BÒ ĐỰC  
CON MÈO  
COYOTE  
CHÓ  
CÁ HEO  
CON VOI  
CÁO  
HƯƠU CAO CỔ  

KHỈ ĐỘT  
NGỰA  
KANGAROO  
SƯ TỬ  
KHỈ  
THỎ  
CỪU  
CÁ VOI  
CHÓ SÓI  
NGỰA VẰN

# 21 - Fishing

```
P U G N T Y G L U Q V B H M
H N H T U Ấ N Q C C Ó M Ồ G
Ó Q Ổ V C Ơ K D Ớ L Y P I
N K R C A R Ư Y G Ư K G T O
G N I V T Q D G G N Ô S D C
Đ L Á Ê R N I Ồ M Ù A A I Q
Ạ K C H N R Ạ L À N N M C H
I D Â Y G N Đ I H U N V Â Y
O N G T G N H T H I Ế T B Ị
A A Y Y H Ă Ẫ B O Q R K D
A B Ã I B I Ể N N M I T R K
A A Q C M H P O N B H Q Y H
U T I V M P U Q L Â C M L D
T H U Y Ề N L K N T C O O L
```

MỒI
CÁI RỔ
BÃI BIỂN
THUYỀN
NẤU
THIẾT BỊ
PHÓNG ĐẠI
VÂY
MANG
MÓC

HÀM
HỒ
ĐẠI DƯƠNG
KIÊN NHẪN
SÔNG
MÙA
NƯỚC
CÂN NẶNG
DÂY

# 22 - Bees

```
P Á S A I T B B H G D L N A
M H N N D C T R T C O M Ữ T
C L Ấ M M N T M B C B D H V
K P H N Y Â C I Á R T G O C
N Ă C Ứ H T Â N L K L N À Ó
G I T B U O Y V Y H R O N L
N M P G R K A O H Ó Q T G Ợ
L T I R M P O R Y I U Ậ N I
H Ọ P L Ạ I Ờ R T T Ặ M Ạ C
L R I Á H T H N I S Ệ H D Á
V G R T N I I V V P Y H A N
U T D R D Y V Q P Ư H C Đ H
T H Ụ P H Ấ N E C V Ờ P D U
A M A T H G G N Ù R T N Ô C
```

CÓ LỢI  
ĐA DẠNG  
HỆ SINH THÁI  
HOA  
THỨC ĂN  
TRÁI CÂY  
VƯỜN  
HIVE  
MẬT ONG  
CÔN TRÙNG  

CÂY  
PHẤN HOA  
THỤ PHẤN  
NỮ HOÀNG  
KHÓI  
MẶT TRỜI  
HỌP LẠI  
SÁP  
CÁNH

# 23 - Weather

| | | | | | | | | | | |
|---|---|---|---|---|---|---|---|---|---|---|
| N | Ư | Ớ | C | Đ | Á | R | K | P | K | H | N | N | U |
| M | U | H | T | Y | U | Ậ | H | Í | H | K | L | H | Q |
| K | Y | M | N | Â | T | R | Ô | K | U | K | Ũ | I | V |
| S | É | T | G | M | P | I | N | Ô | H | K | L | Ệ | N |
| U | U | É | Y | M | Á | H | G | G | Ạ | A | Ụ | T | H |
| V | V | S | U | Á | T | O | K | K | N | C | T | Đ | I |
| D | Y | M | O | Đ | O | D | H | A | H | Ầ | B | Ộ | Ệ |
| T | O | Ấ | Ã | H | Ã | X | Í | U | Á | U | Ằ | A | T |
| Q | A | S | B | R | B | B | C | L | N | V | U | U | Đ |
| S | Ư | Ơ | N | G | M | Ù | Ự | Ố | H | Ồ | T | K | Ớ |
| C | H | R | Ơ | M | M | N | C | I | L | N | R | Y | I |
| K | N | C | C | U | G | Q | R | V | P | G | Ờ | Q | T |
| G | I | Ó | M | Ù | A | I | I | R | M | C | I | I | U |
| Q | A | G | V | N | A | M | Ó | B | D | T | M | K | L |

KHÔNG KHÍ  
KHÍ HẬU  
ĐÁM MÂY  
HẠN HÁN  
KHÔ  
LŨ LỤT  
SƯƠNG MÙ  
CƠN BÃO  
NƯỚC ĐÁ  
SÉT  

GIÓ MÙA  
CỰC  
CẦU VỒNG  
BẦU TRỜI  
BÃO TÁP  
NHIỆT ĐỘ  
SẤM SÉT  
LỐC XOÁY  
NHIỆT ĐỚI  
GIÓ

# 24 - Circus

| | | | | | | | | | | | |
|---|---|---|---|---|---|---|---|---|---|---|---|
| R | P | A | G | K | A | K | N | M | L | L | Y | N | R |
| B | A | B | M | O | R | C | H | C | Ừ | B | Q | P | L |
| S | U | M | T | D | B | Y | R | Á | A | O | T | D | G |
| Ư | G | C | I | Q | C | T | I | O | N | D | H | G | I |
| T | Q | L | O | O | N | M | U | L | B | G | C | H | Ỉ |
| Ử | T | K | V | R | Y | Ổ | I | N | L | A | I | O | G |
| T | R | A | N | G | P | H | Ụ | C | G | B | T | Ằ | M |
| M | K | T | O | D | K | N | B | Ạ | R | H | U | A | T |
| A | I | N | C | I | K | O | Ó | H | B | H | Ứ | V | Ậ |
| T | Ắ | M | P | Ẹ | Đ | C | N | N | L | C | K | N | V |
| H | U | P | H | I | T | D | G | M | O | U | R | L | G |
| U | Ề | L | N | K | C | U | B | Â | N | H | G | Q | N |
| Ậ | K | H | Ỉ | Ẹ | V | É | A | Q | L | G | D | H | Ộ |
| T | I | A | V | O | H | Y | Y | N | R | I | A | C | Đ |

ACROBAT  
ĐỘNG VẬT  
BÓNG BAY  
KẸO  
TRANG PHỤC  
CON VOI  
TUNG HỨNG  
SƯ TỬ  
MA THUẬT  

KHỈ  
ÂM NHẠC  
CHỈ  
ĐẸP MẮT  
KHÁN GIẢ  
LỀU  
VÉ  
CON HỔ  
LỪA

# 25 - Restaurant #2

```
A O P Đ Q U Q L H H B P Ú S
G I Q A Ồ C I R D Y Y H B U
M R Ị C A U C M I Y K Ụ Ữ R
T H V R P Y Ố Y U A R C A Y
B Ữ A T Ố I N N M Ố I V T C
Q D I M I L Ư O G C I Ụ R Á
D I G N Ă B Ớ G H V O N Ư I
G T R Ứ N G C N U V S A A N
H D C Á I T H Ì A R A M D Ĩ
Ế I L V N G K B K V L U N A
H T Y R K O C M Q T A N Y D
Q O P I M R P Ì K C D H T K
Y Â C I Á R T B Á N H G M N
N I O Á A P O O B C T N U I
```

ĐỒ UỐNG
BÁNH
GHẾ
NGON
BỮA TỐI
TRỨNG
CÁ
CÁI NĨA
TRÁI CÂY
BĂNG

BỮA TRƯA
MÌ
SALAD
MUỐI
SÚP
GIA VỊ
CÁI THÌA
RAU
PHỤC VỤ NAM
NƯỚC

# 26 - Geology

```
D H N V P Ô H N A S A U Q G
G U I H P A D Ó Q O X M D N
N C N Ò M I Ó X A I I T K Ộ
Ó A Ả G H U R I O T T O P Đ
N L S M N Đ C H L R H I Y G
G C G U R H Á Đ Ũ H N Ạ H N
C I N Ố Q H A Ử L I Ú N C A
H U Á I Q U Y M I R O C Đ H
Ả M O C A O N G U Y Ê N Ộ L
Y D H N A H C Ạ H T Y A N Ụ
P V K U B B N L Ớ P R H G C
G L B U D L L N D V I P Đ Đ
C H U K Ỳ R Y T C D Y N Ấ !
O V K O B N Ể H T H N I T A
```

AXIT  
CALCIUM  
HANG ĐỘNG  
LỤC ĐỊA  
SAN HÔ  
TINH THỂ  
CHU KỲ  
ĐỘNG ĐẤT  
XÓI MÒN  
HÓA THẠCH  

DUNG NHAM  
LỚP  
KHOÁNG SẢN  
NÓNG CHẢY  
CAO NGUYÊN  
THẠCH ANH  
MUỐI  
NHŨ ĐÁ  
ĐÁ  
NÚI LỬA

# 27 - House

| | | | | | | | | | | | | |
|---|---|---|---|---|---|---|---|---|---|---|---|---|
| C | Y | N | K | P | G | Q | D | P | K | Y | C | N | H |
| Ử | A | T | A | Ó | H | K | A | Ì | H | C | H | H | À |
| A | Ử | O | Ử | H | K | Ò | L | H | I | D | Ổ | À | N |
| S | C | Y | C | P | C | T | N | È | Đ | Q | I | B | G |
| Ổ | M | Á | I | N | H | À | Ư | G | B | A | M | Ế | R |
| M | È | T | À | L | I | N | T | Ờ | P | R | C | P | À |
| Q | R | U | H | M | U | U | H | M | N | A | N | P | O |
| D | O | U | N | Ư | D | T | T | U | V | G | N | D | C |
| P | O | C | N | K | V | L | Ò | S | Ư | Ở | I | H | N |
| A | N | V | À | K | V | I | D | V | V | T | U | B | Y |
| O | Q | O | S | U | O | O | Ễ | G | Á | C | X | É | P |
| G | Ư | Ơ | N | G | N | R | Y | N | G | N | T | P | Q |
| Đ | Ồ | N | Ộ | I | T | H | Ấ | T | R | U | R | Y | G |
| V | Ò | I | H | O | A | S | E | N | Ờ | Ư | V | A | U |

GÁC XÉP         CHÌA KHÓA
CHỔI            NHÀ BẾP
RÈM CỬA         ĐÈN
CỬA             THƯ VIỆN
HÀNG RÀO        GƯƠNG
LÒ SƯỞI         MÁI NHÀ
SÀN NHÀ         PHÒNG
ĐỒ NỘI THẤT     VÒI HOA SEN
GA-RA           TƯỜNG
VƯỜN            CỬA SỔ

# 28 - Physics

```
K H Í T H Ó A C H Ấ T M M P
V B O Ừ N P Q H B V Ạ Ở Ử H
Ậ B Ử T N Â H P B Y H R T Ổ
N B C Í H K Ơ C T M N Ộ N U
T C G N Ợ Ư L I Ố H K N Ệ H
Ố H Ô H B B Q G N N A G I Y
C M Ỗ N B C Ơ C G N Ộ Đ Y
K V D N G N I G H U C Y R Q
G Q K Â L T Q U D Y A D M C
H I K H T O H V Ộ Ê M Ố I Y
R Q A N L M Ạ Ứ Đ N U S M A
N C Y T O B O N C T N G O
M B H Ạ Ố B N G Ố Ử N Ầ K Y
A H Y H H C I N T M Ậ T Đ Ộ
```

GIA TỐC
NGUYÊN TỬ
HỖN LOẠN
HÓA CHẤT
MẬT ĐỘ
ĐIỆN TỬ
ĐỘNG CƠ
MỞ RỘNG
CÔNG THỨC
TẦN SỐ

KHÍ
TỪ TÍNH
KHỐI LƯỢNG
CƠ KHÍ
PHÂN TỬ
HẠT NHÂN
HẠT
TỐC ĐỘ
PHỔ
VẬN TỐC

# 29 - Dance

```
I V V Đ P R G C L Y Ả H N A
Q Ă Ă Ố T A P Ổ O H O O A T
I N N I Â N R Đ V P À P U U
G H H T N R A I B A R U Q C
T O Ó Á O R I Ể Y R T T C H
A Á A C C B P N T G G Ậ Ự V
V U I V Ẻ D O N R O N U R D
Ể G L K D M T G H E O H T V
H Ọ C V I Ệ N Ư C R H T Ị G
T C Ạ L U V N A T O P Ễ Y P
Ơ K H C Ả M X Ú C H B H U L
C P N A C A I U O C Ế G A P
A M M A V U O O U A P N M P
L A Â T R U Y Ề N T H Ố N G
```

HỌC VIỆN
NGHỆ THUẬT
CƠ THỂ
CHOREOGRAPHY
CỔ ĐIỂN
VĂN HÓA
VĂN HOÁ
CẢM XÚC
ÂN

VUI VẺ
NHẢY
PHONG TRÀO
ÂM NHẠC
ĐỐI TÁC
TƯ THẾ
NHỊP
TRUYỀN THỐNG
TRỰC QUAN

# 30 - Coffee

| | | | | | | | | | | | | |
|-|-|-|-|-|-|-|-|-|-|-|-|-|
|N|G|N|Ờ|Ư|Đ|L|B|D|C|M|G|Y|C|
|R|N|Ố|T|L|C|Ọ|L|Ộ|B|G|I|Á|C|
|H|Ố|I|C|R|Ố|O|G|N|I|I|D|H|Q|
|Ư|U|A|H|Đ|C|D|K|M|O|O|A|E|O|
|Ơ|L|U|N|N|Ồ|B|U|Ổ|I|S|Á|N|G|
|N|B|Y|K|Ư|T|U|O|A|B|R|Y|I|N|
|G|N|Ắ|Đ|Ớ|Y|T|Ố|V|P|T|O|E|Ỏ|
|V|M|I|T|C|A|A|G|N|N|B|P|F|L|
|Ị|D|U|H|A|Y|Đ|E|N|G|A|G|F|T|
|U|R|O|Ơ|Q|D|C|B|T|K|B|O|A|Ấ|
|M|A|S|M|V|O|L|H|P|E|P|N|C|H|
|L|N|G|Ữ|Y|H|B|R|G|M|A|C|H|C|
|Q|G|H|D|A|V|C|P|P|T|M|P|N|A|
|U|R|Y|L|X|M|K|N|N|K|L|H|P|M|

THƠM  
ĐỒ UỐNG  
ĐẮNG  
ĐEN  
CAFFEINE  
KEM  
CỐC  
BỘ LỌC  
HƯƠNG VỊ  
XAY  

CHẤT LỎNG  
SỮA  
BUỔI SÁNG  
GỐC  
GIÁ  
RANG  
ĐƯỜNG  
UỐNG  
NƯỚC

# 31 - Shapes

```
M R U D K Y D K P P Đ E H Đ
G A C Ầ U I M L O C A L Ì Ư
A Q Á H G T M Q K Ạ G L N Ờ
H U I M Ì T N T U N I I H N
L Ả G T H N Ó N Ự H Á P T G
V N M G Ó C H I B T C S R C
Ò G A N H N Y C L Y H E Ụ O
N T T U Q À O I H A U Á I N
G R C C B A N M K Ữ Y P P G
T Ư B U M Y P G D N N V C N
R Ờ H Y P E R B O L A H G Ò
Ò N B Ê N N Q O D B H T Ậ V
N G N Ă L L M T I B Q M I T
V K N C U D B L A I I T A C
```

CUNG
VÒNG TRÒN
NÓN
GÓC
ĐƯỜNG CONG
HÌNH TRỤ
CẠNH
ELLIPSE
HYPERBOLA
HÀNG

ĐA GIÁC
LĂNG
KIM TỰ THÁP
HÌNH CHỮ NHẬT
VÒNG
BÊN
CẦU
QUẢNG TRƯỜNG
TAM GIÁC

# 32 - Scientific Disciplines

| K | H | Ả | O | C | Ổ | H | Ọ | C | C | Ọ | H | A | Ó | H |
|---|---|---|---|---|---|---|---|---|---|---|---|---|---|---|
| S | S | Q | B | S | P | D | Y | R | C | H | I | K | R |
| I | I | T | H | I | A | T | B | Q | G | A | V | K | N |
| N | N | B | G | N | Á | O | H | K | N | D | H | Y | C |
| H | H | C | Ọ | H | G | N | Ợ | Ư | T | Í | H | K | Ọ |
| L | T | U | C | H | T | H | Ó | A | S | I | N | H | H |
| Ý | H | H | C | Ọ | H | N | Ă | V | N | Ê | I | H | T |
| H | Á | U | R | C | Ầ | N | G | Ô | N | N | G | Ữ | Ậ |
| Ọ | I | P | I | G | N | T | Â | M | L | Ý | T | G | V |
| C | P | Q | D | N | K | M | H | R | K | D | V | D | C |
| Y | G | O | L | O | I | S | E | N | I | K | R | C | Ự |
| L | H | C | Ị | D | N | Ễ | I | M | K | H | H | L | H |
| D | H | L | H | Í | H | K | Ơ | C | Y | K | D | B | T |
| I | Y | H | C | X | Ã | H | Ộ | I | H | Ọ | C | U | V |

KHẢO CỔ HỌC
THIÊN VĂN HỌC
HÓA SINH
SINH HỌC
THỰC VẬT HỌC
HÓA HỌC
SINH THÁI
MIỄN DỊCH
KINESIOLOGY

NGÔN NGỮ
CƠ KHÍ
KHÍ TƯỢNG HỌC
KHOÁNG
THẦN KINH
SINH LÝ HỌC
TÂM LÝ
XÃ HỘI HỌC

# 33 - Science

```
H T G M Ử T N Ê Y U G N G U
Ó H Y H T Á Y Â Y V I I A
A Í T Ạ N Ự T S C T U R Ả P
T N H T Â C K N N C H P T H
H G I Ấ H T T C Ả A C R H Ư
Ạ H Ê H P Ế Q Ọ S Ó U V U Ơ
C I N C P V D H G H Ậ Q Y N
H Ễ N A R Ậ L A N N H C Ế G
Q M H Ó B T V O Á Ế Í K T P
U L I H G L G H O I H L N H
Y B Ê H Q Ý U K H T K H U Á
U I N T H L I À K H O N R P
G D Ữ L I Ễ U H D L T K C M
K O K V T R Ọ N G L Ự C H B
```

NGUYÊN TỬ
HÓA CHẤT
KHÍ HẬU
DỮ LIỆU
TIẾN HÓA
THÍ NGHIỆM
THỰC TẾ
HÓA THẠCH
TRỌNG LỰC
GIẢ THUYẾT

PHƯƠNG PHÁP
KHOÁNG SẢN
PHÂN TỬ
THIÊN NHIÊN
QUAN SÁT
HẠT
VẬT LÝ
CÂY
NHÀ KHOA HỌC

# 34 - Beauty

```
M D G N Ọ R T G N A S Â U L
K Ầ D Ư M A S C A R A R N T
É U Ầ D Ơ S T Y L I S T M R
O G V U K N Ụ V H C Ị D Ị C
T Ộ G O C R G K Ư G G V N U
H I O G L R G G Ơ M D G V R
A Ô M D T B Ữ R N Ế Y U Q L
N M V A M Ể I Đ G N A R T S
H N Ẩ H A M D U T V A C C L
L O K H O À Q H H Ă N Ả N H
Ị S U A P U O L Ơ Y A K T Q
C Q Q C R Ỹ I L M Y D G R A
H L O K L Q M V R C A V T C
C G A Y T Q I M G K O A D C
```

QUYẾN RŨ  
MÀU  
MỸ PHẨM  
CURLS  
SANG TRỌNG  
THANH LỊCH  
HƯƠNG THƠM  
ÂN  
SON MÔI  
TRANG ĐIỂM  

MASCARA  
GƯƠNG  
DẦU  
ĂN ẢNH  
KÉO  
DỊCH VỤ  
DẦU GỘI  
DA  
MỊN  
STYLIST

# 35 - Clothes

| | | | | | | | | | | | | |
|---|---|---|---|---|---|---|---|---|---|---|---|---|
| Á | C | Á | O | H | K | O | Á | K | O | M | V | Á | L |
| M | O | O | O | O | B | B | M | Y | I | I | Ò | O | O |
| C | M | L | K | S | P | A | J | A | M | A | N | C | L |
| Ứ | T | O | E | L | Ơ | Ữ | M | N | Q | N | G | Á | R |
| S | R | U | U | N | M | M | B | T | U | L | C | N | L |
| G | Ă | N | G | T | A | Y | I | H | Ầ | T | Ổ | H | Y |
| N | C | Ầ | O | G | B | À | I | Ờ | N | Ạ | T | V | D |
| A | I | U | D | D | O | I | P | I | J | P | H | Ò | Ă |
| R | L | Q | A | É | K | G | R | T | E | D | Ắ | N | N |
| T | P | H | C | P | G | M | U | R | A | Ề | T | G | B |
| M | R | M | V | Y | Y | G | D | A | N | U | L | T | D |
| Q | O | L | Á | Q | T | R | P | N | V | O | Ư | A | Y |
| L | C | U | Y | I | K | M | P | G | H | L | N | Y | U |
| K | H | Ă | N | Q | U | À | N | G | C | Ổ | G | H | K |

TẠP DỀ
THẮT LƯNG
ÁO CÁNH
VÒNG TAY
ĂN
THỜI TRANG
GĂNG TAY
MŨ
ÁO KHOÁC
QUẦN JEAN

TRANG SỨC
VÒNG CỔ
PAJAMA
QUẦN
DÉP
KHĂN QUÀNG CỔ
ÁO SƠ MI
GIÀY
VÁY
ÁO LEN

# 36 - Insects

```
G T C B B I I D Q C P Ấ K G
Q U O Ự Ọ K A T G K R U U I
N R N Ớ C R D A B N Ệ T Y Á
Q O O M H K O R C L P R C N
B B N Đ É L D M U Ỗ I Ù M Ế
T Ư G Ê T C G U B Â O N Ố I
Ç E Ớ M Q H M V R O S G I K
O Y N M K Â C À O C À O A B
N I N R I U L P T O R Ự C
V K D P O C L A D Y B U G A
E A O L N H P N T K K C N H
S I M R G Ấ I N M O H K Ọ M
Ầ H Y Q L U A N L G M Q B H
U B Ọ C Á N H C Ứ N G Q N N
```

KIẾN  
RỆP  
CON ONG  
BỌ CÁNH CỨNG  
BƯỚM  
CON VE SẦU  
GIÁN  
BỌ CHÉT  
CHÂU CHẤU  
HORNET  

LADYBUG  
ẤU TRÙNG  
CÀO CÀO  
BỌ NGỰA  
MUỖI  
BƯỚM ĐÊM  
MỐI  
ONG  
SÂU

# 37 - Astronomy

| | | | | | | | | | | | |
|---|---|---|---|---|---|---|---|---|---|---|---|
| B | S | A | O | C | H | Ổ | I | R | O | Y | N | S | P |
| T | Ầ | T | R | Á | I | Đ | Ấ | T | H | N | L | A | H |
| B | H | U | T | Ê | N | L | Ử | A | N | U | D | O | I |
| P | N | I | T | H | À | N | H | T | I | N | H | B | H |
| I | L | H | Ê | R | O | B | L | K | T | M | T | Ă | À |
| P | R | I | P | N | Ờ | H | G | H | Ệ | C | I | N | N |
| V | Ũ | T | R | Ụ | U | I | B | Y | V | Ự | N | G | H |
| S | I | Ê | U | T | Â | N | T | I | N | H | H | P | G |
| M | Ặ | T | T | R | Ă | N | G | G | H | T | V | H | I |
| T | D | D | K | À | H | N | Ê | I | H | T | Â | Â | A |
| V | C | H | Ò | M | S | A | O | Q | T | Ậ | N | N | D |
| Đ | À | I | Q | U | A | N | S | Á | T | H | V | H | Y |
| B | Ứ | C | X | Ạ | K | D | Y | T | Q | N | A | U | D |
| N | V | O | H | P | Z | O | D | I | A | C | Y | G | Y |

PHI HÀNH GIA
THIÊN
SAO CHỔI
CHÒM SAO
VŨ TRỤ
TRÁI ĐẤT
NHẬT THỰC
PHẦN
THIÊN HÀ
SAO BĂNG
MẶT TRĂNG
TINH VÂN
ĐÀI QUAN SÁT
HÀNH TINH
BỨC XẠ
TÊN LỬA
VỆ TINH
BẦU TRỜI
SIÊU TÂN TINH
ZODIAC

# 38 - Health and Wellness #2

```
H A Y D C Â N N Ặ N G A L O
C A L O I G N Ứ Ị D Y B P K
D N H T B N H Ă N K I Ê N G
I H G P N Ả H Q L P A I G N
T I U H N H G D I N V D I Ợ
R Ễ N Ụ K T V R Ư U H Q Ả Ư
U M R C R G H B B Ỡ H D I L
Y T B H H N I S Ễ V N N P G
Ề R Ệ Ồ M Ă V X N N Ạ G H N
N Ù N I Á C N O H G M G Ẫ Ă
M N H A U I H A V O E Y U N
C G N U G D B B I N Ỏ I H V
V I T A M I N Ó Ễ L H M Ọ K
M Ấ T N Ư Ớ C P N I K T C K
```

DỊ ỨNG                KHỎE MẠNH
GIẢI PHẪU HỌC         BỆNH VIỆN
NGON                  VỆ SINH
MÁU                   NHIỄM TRÙNG
CALO                  XOA BÓP
MẤT NƯỚC              DINH DƯỠNG
ĂN KIÊNG              PHỤC HỒI
BỆNH                  CĂNG THẲNG
NĂNG LƯỢNG            VITAMIN
DI TRUYỀN             CÂN NẶNG

# 39 - Time

```
Y U Y Y H I C S B A D A R C
D B H V C Ô C Ớ Ư R T M V A
M I B N Ị Q M M Ă N G N À H
A D G H L G Ê N Đ I G R L M
U N N Y D V Đ R A Ồ G U G O
T G I Ờ G L L T B Y N P V M
B U R B G M Q N Ă M N G T B
U B Ầ O B P H Ú T U G C H V
Ổ Â H N T H Ế K Ỷ V À R N Ồ
I Y A I R T H Á N G Y P N Q
T G G T Y B U Ổ I S Á N G Y
R I U T U P T H Ậ P K Ỷ K U
Ư Ờ T Ư Ơ N G L A I V H C V
A C H Ô M Q U A A G D O U B
```

HÀNG NĂM  
TRƯỚC  
LỊCH  
THẾ KỶ  
ĐỒNG HỒ  
NGÀY  
THẬP KỶ  
TƯƠNG LAI  
GIỜ  
PHÚT  

THÁNG  
BUỔI SÁNG  
ĐÊM  
BUỔI TRƯA  
BÂY GIỜ  
SỚM  
HÔM NAY  
TUẦN  
NĂM  
HÔM QUA

# 40 - Buildings

```
A T Á S N A U Q I À Đ C T Q
Ự R N Ệ I V H N Ệ B A R R S
V Ư A T B Y O A Q Y M N Ạ Â
A Ờ R G A U R U P Á A H P N
Q N O O C N B N L X D Y H V
Ộ G C D P Y N Ả Y C U Á Á Ậ
U H O G G A Á K O Ú Y M T N
A Ọ N I À Đ U Â L T P À Q Đ
T C R Ă T V Q O H Ý À H N Ộ
L Ọ M L C R Ứ P C K H N Y N
Ề H V N N Ạ S H C Á H K G G
U I I T A S I Ê U T H Ị O O
H Ạ I L C I Ạ R T G N Ô N M
C Đ N B M P Đ G T H Á P O O
```

CĂN HỘ  
VỰA  
CABIN  
LÂU ĐÀI  
ĐẠI SỨ QUÁN  
NHÀ MÁY  
NÔNG TRẠI  
GA-RA  
BỆNH VIỆN  
KÝ TÚC XÁ  
KHÁCH SẠN  
BẢO TÀNG  
ĐÀI QUAN SÁT  
TRƯỜNG HỌC  
SÂN VẬN ĐỘNG  
SIÊU THỊ  
LỀU  
RẠP HÁT  
THÁP  
ĐẠI HỌC

# 41 - Philanthropy

| | | | | | | | | | | | |
|---|---|---|---|---|---|---|---|---|---|---|---|
|Q|N|T|T|R|Ẻ|E|M|Ó|H|N|B|T|C|
|L|H|À|M|T|Y|I|Q|R|K|U|O|H|H|
|Y|Â|I|Ụ|H|C|Ạ|L|N|Ê|I|L|Ế|Ư|
|B|N|C|C|A|Ự|Ô|B|Y|D|A|V|H|Ơ|
|O|L|H|T|N|H|C|N|Y|Q|C|I|Ệ|N|
|I|O|Í|I|H|T|T|P|G|I|K|T|G|G|
|D|Ạ|N|Ê|N|G|L|U|Ầ|C|N|À|O|T|
|Q|I|H|U|I|N|T|Ặ|N|G|Ộ|Q|Q|R|
|I|U|O|K|Ê|U|N|I|L|K|K|N|O|Ì|
|C|O|Ỹ|U|N|R|L|H|G|I|Ờ|Ư|G|N|
|H|Ằ|G|V|D|T|N|H|I|Ệ|M|V|Ụ|H|
|A|V|N|K|B|T|Ừ|T|H|I|Ệ|N|C|N|
|D|U|U|C|Ộ|N|G|Đ|Ồ|N|G|Y|M|M|
|M|G|L|Ị|C|H|S|Ử|B|D|K|B|C|R|

TỪ THIỆN
TRẺ EM
CỘNG ĐỒNG
LIÊN LẠC
TẶNG
TÀI CHÍNH
QUỸ
THẾ HỆ
TOÀN CẦU
MỤC TIÊU

NHÓM
LỊCH SỬ
TRUNG THỰC
NHÂN LOẠI
NHIỆM VỤ
CẦN
NGƯỜI
CHƯƠNG TRÌNH
CÔNG CỘNG
THANH NIÊN

# 42 - Herbalism

| | | | | | | | | | | | | |
|---|---|---|---|---|---|---|---|---|---|---|---|---|
| D | A | B | N | B | Ạ | C | H | À | Q | I | H | P | T |
| L | O | T | G | N | Ơ | Ư | H | I | Ả | O | A | O | H |
| T | Á | Y | O | O | R | M | O | O | T | R | G | N | Ự |
| R | H | K | O | M | I | T | Y | R | L | N | V | T | C |
| O | U | À | I | Ở | T | Y | R | E | G | Q | Q | H | V |
| S | K | M | N | N | Ế | U | Q | G | N | Ú | H | Ơ | Ậ |
| E | U | P | Ờ | H | H | K | R | A | L | M | N | M | T |
| M | V | L | Ư | O | P | G | H | N | C | C | A | N | H |
| A | A | D | V | L | P | H | I | O | M | M | X | G | Ư |
| R | B | T | H | Ì | L | À | Ằ | Ớ | Ấ | Ù | C | H | Ơ |
| Y | Ẩ | M | T | H | Ự | C | Y | N | I | I | Ó | Ệ | N |
| U | H | O | A | I | M | V | C | C | G | T | L | T | G |
| G | I | M | T | D | L | T | T | Y | H | Â | Ợ | Â | V |
| K | C | P | P | U | B | B | D | H | P | Y | I | Y | ! |

THƠM  
HÚNG QUẾ  
CÓ LỢI  
ẨM THỰC  
THÌ LÀ  
HƯƠNG VỊ  
HOA  
VƯỜN  
TỎI  
XANH  

THÀNH PHẦN  
HOA OẢI HƯƠNG  
LÁ KINH GIỚI  
BẠC HÀ  
OREGANO  
MÙI TÂY  
THỰC VẬT  
ROSEMARY  
NGHỆ TÂY  
GIẤM

# 43 - Vehicles

```
V Y V I M B T Q U O X V Q C
C A Q Y G Á O I B D E I I A
A K N O É K Y Á M È H X Đ R
T À U N G Ầ M B G Q Ơ E Ộ A
X E T Ả I N Ằ G A A I T N V
T L V G T N G U T Y I A G A
Ê T K G V U N V Ý Q P Y C N
N Ề Y U H T N U U B Q G Ơ C
L X G M À L Ễ R B N N A U V
Ử E Q C H B I X E T Ắ C X I
A L V G P Ạ Đ E X K C C Y A
K Ử A B Ố K E D B A A N A K
Q A Q U L Q X Y Q K Q N O Q
L Q I X E C Ứ U T H Ư Ơ N G
```

MÁY BAY
XE CỨU THƯƠNG
XE ĐẠP
THUYỀN
XE BUÝT
XE HƠI
CARAVAN
PHÀ
ĐỘNG CƠ
BÈ

TÊN LỬA
XE TAY GA
TÀU NGẦM
XE ĐIỆN NGẦM
XE TẮC XI
LỐP
MÁY KÉO
XE LỬA
XE TẢI
VAN

# 44 - Flowers

```
I C Y V T N D Q C U O L C K
B Ó H O A A A Q U H R N Ở V
Q G N Ơ Ư H I Ả O A O H B M
Y H Ợ P I I S P M D H R A A
P Ư Đ L A A Y D O N U R L G
L Ớ U V U V P P Â P R N Á N
U Ẫ K P Y L U O M P C V O
M G M C Á N H H O A B Y Q L
E D A G A R D E N I A Ụ T I
R Ư O A H O A H Ồ N G P T A
I Ơ H N A G N Ô C Ồ B V N V
A N P I C J A S M I N E R T
U G N Ơ Ư H H N I Đ Ử T V B
C P H O N G L A N K Q R R Q
```

BÓ HOA
CỎ BA LÁ
DAISY
BỒ CÔNG ANH
GARDENIA
DÂM BỤT
JASMINE
HOA OẢI HƯƠNG
TỬ ĐINH HƯƠNG

MAGNOLIA
PHONG LAN
HOA MẪU ĐƠN
CÁNH HOA
PLUMERIA
POPPY
HOA HỒNG
HƯỚNG DƯƠNG

# 45 - Health and Wellness #1

```
C  Ơ  B  Ắ  P  D  Ĩ  C  Ố  U  H  T  Q  V
G  K  I  H  G  T  S  Ố  N  Ị  M  Ú  D  G
N  V  C  N  K  P  C  U  N  R  L  R  G  T
Ơ  D  C  I  G  N  Á  H  Ã  T  T  I  H  M
Ư  D  A  K  B  B  B  T  I  U  O  V  A  I
H  Ạ  X  N  Ả  H  P  M  G  Ề  Đ  G  C  G
T  O  I  Ầ  D  U  D  Ệ  Ư  I  U  Ó  O  I
N  T  Ạ  H  B  V  G  I  H  Đ  U  C  I  A
Ấ  Y  L  T  L  L  P  T  T  I  U  I  A  U
H  G  U  Y  Đ  T  H  Ó  I  Q  U  E  N  O
C  P  U  Â  N  Ộ  T  R  Ị  L  I  Ệ  U  B
K  O  R  D  P  U  N  Ẩ  U  H  K  I  V  Q
G  N  Ơ  Ư  X  Y  Ã  G  N  Ơ  Ư  X  R  P
K  Í  C  H  T  H  Í  C  H  T  Ố  B  M  P
```

HOẠT ĐỘNG
VI KHUẨN
XƯƠNG
BÁC SĨ
GÃY XƯƠNG
THÓI QUEN
CHIỀU CAO
KÍCH THÍCH TỐ
ĐÓI
CHẤN THƯƠNG

THUỐC
CƠ BẮP
DÂY THẦN KINH
TIỆM THUỐC
PHẢN XẠ
THƯ GIÃN
DA
TRỊ LIỆU
ĐIỀU TRỊ
VI RÚT

# 46 - Antarctica

| L | P | Đ | Y | G | L | U | A | R | C | M | Đ | G | K |
|---|---|---|---|---|---|---|---|---|---|---|---|---|---|
| Ụ | A | S | Ị | D | N | G | T | I | H | Ô | Á | T | H |
| C | A | Ô | Y | A | I | Ư | U | G | I | I | M | V | O |
| Đ | D | N | M | I | H | C | Ớ | O | M | T | M | U | Á |
| Ị | G | G | N | Ă | B | Ì | Ư | C | C | R | Â | C | N |
| A | Q | B | N | B | B | R | Ṇ | Á | Ư | Y | B | G |
| C | V | Ă | H | Ả | Đ | Ả | O | H | N | Ờ | K | Á | S |
| Á | Ị | N | I | O | V | Y | M | A | H | N | C | N | Ả |
| V | N | G | Ệ | T | Q | K | H | O | C | G | O | Đ | N |
| O | H | T | T | Ồ | C | V | B | H | Ụ | I | R | Ả | P |
| I | Q | L | Đ | N | U | L | T | K | T | B | M | O | G |
| U | R | A | Ộ | L | I | M | Ô | N | Đ | Ị | A | L | Ý |
| N | T | M | U | V | V | C | Y | N | G | I | P | A | D |
| T | C | A | N | G | O | M | V | O | K | P | T | V | V |

VỊNH
CHIM
ĐÁM MÂY
BẢO TỒN
LỤC ĐỊA
MÔI TRƯỜNG
MÔN ĐỊA LÝ
SÔNG BĂNG
BĂNG
ĐẢO

DI CƯ
KHOÁNG SẢN
CHIM CÁNH CỤT
BÁN ĐẢO
ROCKY
KHOA HỌC
NHIỆT ĐỘ
ĐỊA HÌNH
NƯỚC
CÁ VOI

# 47 - Fashion

```
Q V B K G Đ Đ O P T U M P X
P H V D T Ắ C O H M G K A U
P C U Ấ C T Ế K O V Ã H V H
H Ị Q I M U N D N E R U Q Ư
K L N N C V Ả I G M R M U Ớ
Y H R D N A I P C M G D Ầ N
P N I U Y G G L Á R A O N G
V A N Ê D O I Q C R V B Á H
Y H U H M D Ố N H B V G O R
A T R T L T T T H Ự C T Ế K
C Ú Q Ề Q C Ố D P T H G L T
G N À H A Ử C N G Ố C Q O U
O U C G N Ă H C I Ả H P M K
H I Ệ N Đ Ạ I Á M I Ả O H T
```

PHẢI CHĂNG  
CỬA HÀNG  
NÚT  
QUẦN ÁO  
THOẢI MÁI  
THANH LỊCH  
NGHỀ THÊU  
ĐẤT  
VẢI  
REN  

ĐO  
TỐI GIẢN  
HIỆN ĐẠI  
KHIÊM TỐN  
GỐC  
MẪU  
THỰC TẾ  
PHONG CÁCH  
KẾT CẤU  
XU HƯỚNG

# 48 - Human Body

```
N Â H C V P L I O H B T Q G
L M D Ó Ổ I U H N P R O O G
B L O Đ Ầ U G Ố I A V M Q K
H G Q P T I N I D D M Ũ I P
N G G C V A H L H P I Ằ Á B
P Y O H C T Y H H I T R C M
T Q M D H G A T D G A N T M
B L A Y L O T I O U L D Ắ R
I H H R H Q N Q A D H R M B
N À Y I G R Ó P Y A O U U N
R M N M M Y G N Ệ I M Q M D
K G Y M H A N T D C Q R C M
K H U Ỷ U T A Y Đ Ố I M Ặ T
Q L Đ Ầ U X Ư Ơ N G M Á U H
```

MẮT CÁ  
MÁU  
XƯƠNG  
ÓC  
CẰM  
TAI  
KHUỶU TAY  
ĐỐI MẶT  
NGÓN TAY  
TAY  

ĐẦU  
TIM  
HÀM  
ĐẦU GỐI  
CHÂN  
MIỆNG  
CỔ  
MŨI  
VAI  
DA

# 49 - Musical Instruments

```
S S A B G T T A P A K I M C
M A M D Y G N R G H V L T H
A Đ X R Q N K I Ố I M C H I
N À C O Y Ô I Y K N A B R Ê
D N L Á P U Ù B A L G Q K N
O G A S G H Đ À N H Ạ C È G
L H R G R C O L L E C I N I
I I I P Õ T E N O B M O R T
N T N I C D P T E O L C P K
K A E O C H D Ư Ơ N G C Ầ M
A A T D À N N H Ạ C K P P V
Y K V M A R I M B A M G M U
H R G B Q T L Ụ C L Ạ C R Q
N Đ À N V I Ô L Ô N G U I P
```

BASS  
DÀN NHẠC  
CELLO  
CHUÔNG  
CLARINET  
TRỐNG  
ĐÙI  
SÁO  
CHIÊNG  
ĐÀN GHI TA  

ĐÀN HẠC  
MANDOLIN  
MARIMBA  
GÕ  
DƯƠNG CẦM  
SAXOPHONE  
LỤC LẠC  
TROMBONE  
KÈN  
ĐÀN VI Ô LÔNG

# 50 - Fruit

```
T R Á I B Ơ U D G B Q C L G
M M C A H O D T Ứ G U Â N C
Q L H H P G H N O A Ả Y C K
Y K Q O C U P Â L Ừ A X V I
D Ư A Q U Ả M Ơ L D N U B Ố
Q U Ả K I W I L Ủ H H Â A U
U U I B P A L Q Đ T Đ N G H
A C V K I C Ê N U U À Đ V C
Q P I D A Q A N Đ Ả O À G H
R K L C Y I Ô X M Â M O R A
H H B T R Á I X O À I Ọ H N
K B M R B A Ổ G Á N A L N H
H I K I O O D A T U H B Ì G
V L K V R Đ À O V V U O H N
```

TÁO  
QUẢ MƠ  
TRÁI BƠ  
CHUỐI  
QUẢ MỌNG  
QUẢ ANH ĐÀO  
DỪA  
HÌNH  
NHO  
ỔI  

QUẢ KIWI  
CHANH  
TRÁI XOÀI  
DƯA  
CÂY XUÂN ĐÀO  
ĐU ĐỦ  
ĐÀO  
LÊ  
DỨA  
MÂM XÔI

# 51 - Virtues #1

```
D  L  G  N  Ợ  Ư  T  G  N  Ở  Ư  T  R  H
Đ  Ọ  H  Q  U  A  Ò  B  C  V  H  Ậ  Ộ  P
Ộ  B  N  N  O  M  M  A  T  N  Ữ  U  N  U
C  U  I  D  D  N  Ò  K  Q  H  U  H  G  Y
L  Ồ  M  C  Ẹ  K  H  P  P  P  Í  T  L  A
Ậ  N  G  K  Y  P  O  B  O  D  C  Ẽ  Ư  Đ
P  C  N  Ố  T  M  Ê  I  H  K  H  H  Ợ  A
R  Ư  Ô  B  N  Ố  G  K  M  P  L  G  N  M
T  Ờ  H  N  Ị  Đ  T  Ế  Y  U  Q  N  G  M
H  I  T  Đ  Á  N  G  T  I  N  C  Ậ  Y  Ê
Ự  H  I  Ệ  U  Q  U  Ả  I  G  D  N  T  C
C  Q  U  Y  Ế  N  R  Ũ  D  Q  O  L  I  V
T  B  B  K  I  Ê  N  N  H  Ẫ  N  I  U  Q
Ế  P  K  H  Ô  N  N  G  O  A  N  R  D  M
```

NGHỆ THUẬT
QUYẾN RŨ
DỌN DẸP
TÒ MÒ
QUYẾT ĐỊNH
HIỆU QUẢ
BUỒN CƯỜI
RỘNG LƯỢNG
TỐT
HỮU ÍCH

TƯỞNG TƯỢNG
ĐỘC LẬP
THÔNG MINH
KHIÊM TỐN
ĐAM MÊ
KIÊN NHẪN
THỰC TẾ
ĐÁNG TIN CẬY
KHÔN NGOAN

# 52 - Engineering

| | | | | | | | | | | | | |
|---|---|---|---|---|---|---|---|---|---|---|---|---|
| N | L | P | D | V | T | V | U | M | C | C | Ụ | R | T |
| Ă | D | U | A | V | Í | G | N | Ă | R | H | N | Á | B |
| N | I | Ố | H | P | N | Â | H | P | M | Ấ | R | Y | H |
| G | N | G | V | H | H | D | D | O | B | T | O | B | N |
| L | N | P | D | Q | T | A | T | T | P | L | U | L | Í |
| Ư | P | K | L | T | O | O | G | Ơ | U | Ở | B | U | K |
| Ợ | U | O | K | B | Á | O | Ó | Ổ | C | N | G | N | G |
| N | Â | O | O | Đ | N | V | C | N | O | G | H | R | N |
| G | S | D | Y | Ẩ | B | N | Ò | Đ | K | N | N | A | Ờ |
| I | Ộ | Ơ | I | Y | V | N | B | Ị | Ế | Ụ | Ạ | Ộ | Ư |
| Y | Đ | R | Đ | E | M | Á | Y | N | T | D | M | L | Đ |
| U | M | Q | R | Ồ | S | B | B | H | C | Y | C | A | D |
| H | L | V | K | Y | G | E | H | K | Ấ | Â | Ứ | L | U |
| Q | T | V | V | Y | N | H | L | B | U | X | S | H | O |

GÓC
TRỤC
TÍNH TOÁN
XÂY DỰNG
ĐỘ SÂU
SƠ ĐỒ
ĐƯỜNG KÍNH
DIESEL
PHÂN PHỐI
NĂNG LƯỢNG

BÁNH RĂNG
ĐÒN BẨY
CHẤT LỎNG
MÁY
ĐO
ĐỘNG CƠ
ĐẨY
ỔN ĐỊNH
SỨC MẠNH
KẾT CẤU

# 53 - Government

```
B P P Q U Ố C G I A B B L H
U P Á H P N Ế I H D T Ì Ã Ò
M R T C Á A K R U Â Q N N A
V K Q K C T T M N U H H B
Đ Ộ C L Ậ P B T N S Ố Đ Đ Ì
Ủ L U Ậ T R A I K Ự C Ả Ạ N
T H Ả O L U Ậ N Ể B T N O H
N R C V U C G U Q Ị G N K
E T G N A B U Ể I T C U C P
M Ư Y Ậ Â C K Y L I H K H K
U P K U M D C H Í N H T R Ị
N H T Q S Ự C Ô N G B Ằ N G
O Á T Ự D O B A O G U L C B
M P B I Ể U T Ư Ợ N G V L H
```

QUỐC TỊCH          LUẬT
DÂN SỰ             LÃNH ĐẠO
HIẾN PHÁP          TỰ DO
DÂN CHỦ            MONUMENT
THẢO LUẬN          QUỐC GIA
QUẬN               HÒA BÌNH
BÌNH ĐẲNG          CHÍNH TRỊ
ĐỘC LẬP            PHÁT BIỂU
TƯ PHÁP            TIỂU BANG
SỰ CÔNG BẰNG       BIỂU TƯỢNG

# 54 - Art Supplies

| | | | | | | | | | | | | |
|---|---|---|---|---|---|---|---|---|---|---|---|---|
| D | N | O | O | U | I | C | Ự | M | P | P | P | H | K |
| B | Ầ | B | R | G | P | C | C | Á | V | I | O | L | P |
| L | Ú | U | I | Y | C | I | L | Y | R | C | A | V | H |
| Y | Ẩ | T | L | Y | C | A | G | Ả | M | G | A | T | U |
| I | Ả | H | C | N | À | B | I | N | A | H | T | O | M |
| G | I | Ấ | Y | H | G | À | G | H | Ở | O | É | A | N |
| N | Ư | Ớ | C | O | Ì | N | H | B | Q | Ự | S | P | D |
| K | E | O | L | K | Q | Ơ | Ế | R | K | M | T | Y | B |
| C | K | V | N | Q | R | S | G | Q | V | G | Ấ | Ý | N |
| Ắ | M | À | U | N | Ư | Ớ | C | I | U | O | Đ | M | A |
| S | Á | N | G | T | Ạ | O | N | G | N | Q | A | B | V |
| U | B | Q | B | G | Q | I | M | R | P | Y | Y | I | H |
| À | E | A | S | E | L | A | Y | R | A | P | P | V | A |
| M | K | K | M | B | M | L | D | N | C | M | O | H | Y |

ACRYLIC
BÀN CHẢI
MÁY ẢNH
GHẾ
THAN
ĐẤT SÉT
MÀU SẮC
SÁNG TẠO
EASEL
TẨY

KEO
Ý TƯỞNG
MỰC
DẦU
SƠN
GIẤY
BÚT CHÌ
BÀN
NƯỚC
MÀU NƯỚC

# 55 - Science Fiction

```
T Y D C N L T I D T V B P N
Ấ Ư N À V I C M M O T O D G
H M Ơ H T H Ế G I Ớ I H Y U
C P G N Ợ Ư T G N Ở Ư T S Y
A Ử L Ê G N H Á I T L D T Ê
Ó O U I Y L B D P O Y I O N
H T K H H C A K R U P R P T
B K U T Q À G I Ô X A X I Ử
P R K Y Q C N C Ự C V O A L
B Í Ẩ N Ệ U Ệ H G N G N Ô C
B R H H M T M G T G P Y Q O
U T O P I A V C Á I G O Ả L
Q A S Á C H O Ờ P B N N Ổ V
O R A C L E G Q I M R H T R
```

NGUYÊN TỬ          TƯƠNG LAI
SÁCH               THIÊN HÀ
HÓA CHẤT           ẢO GIÁC
NHÁI               TƯỞNG TƯỢNG
XA XÔI             BÍ ẨN
DYSTOPIA           ORACLE
NỔ                 HÀNH TINH
CỰC                CÔNG NGHỆ
TUYỆT VỜI          UTOPIA
LỬA                THẾ GIỚI

# 56 - Geometry

```
U G M V U P H V K T A C B Đ
Ý N P Ò D D Y O B D Ỷ G Y Ư
L O G N O S G N O S A L A Ờ
P C M G N Ợ Ư L I Ố H K Ệ N
Ợ G N T Ặ M Ề B P S L V M G
H N Ì R T G N Ơ Ư H P H T K
K Ờ G Ò D D Y C Ó G D Ọ T Í
L Ư R N A A L H Ú K G C Í N
V Đ V Q A V T I N H D T N H
R Y B D H G O Ề G N K H H G
N H N Ì B G N U R T L U T N
R C Ớ Ư H T H C Í K G Y O R
Đ Ố I X Ứ N G A M K Y Ế Á Q
T A M G I Á C O Q T U T N G
```

| | |
|---|---|
| GÓC | KHỐI LƯỢNG |
| TÍNH TOÁN | TRUNG BÌNH |
| VÒNG TRÒN | SỐ |
| ĐƯỜNG CONG | SONG SONG |
| ĐƯỜNG KÍNH | TỶ LỆ |
| KÍCH THƯỚC | KHÚC |
| PHƯƠNG TRÌNH | BỀ MẶT |
| CHIỀU CAO | ĐỐI XỨNG |
| NGANG | HỌC THUYẾT |
| HỢP LÝ | TAM GIÁC |

# 57 - Creativity

```
S T O T A D L N L B V K Ý N
Á R V Í C Ả M G I Á C Ị T L
N Ự G N Ỏ L B C N O G C Ư N
G C N H M P C I Ả À G H Ở R
T G Ố X R L U T Ể M R M N Q
Ạ I S Á T G I K L U H Õ G Y
O Á C C K Ỹ N Ă N G H Ứ R Ộ
H C Ứ T T Ự P H Á T K I N Đ
M M S H L D B I M N Q K Ệ G
Ả N H Ự T H A Y Đ Ổ I Q K N
K O D C T Ầ M N H Ì N O I Ờ
N G H Ệ T H U Ậ T P N U N Ư
N U L I L O I G C Ú X M Ả C
T U L L Ấ N T Ư Ợ N G U P P
```

NGHỆ THUẬT
TÍNH XÁC THỰC
THAY ĐỔI
RÕ RÀNG
KỊCH
CẢM XÚC
BIỂU HIỆN
LỎNG
Ý TƯỞNG
ẢNH

ẤN TƯỢNG
CẢM HỨNG
CƯỜNG ĐỘ
TRỰC GIÁC
SÁNG TẠO
CẢM GIÁC
KỸ NĂNG
TỰ PHÁT
TẦM NHÌN
SỨC SỐNG

# 58 - Airplanes

| | | | | | | | | | | | |
|---|---|---|---|---|---|---|---|---|---|---|---|
| C | Ế | K | T | Ế | I | H | T | P | Y | A | H | X | H |
| L | Ị | C | H | S | Ử | Ạ | N | O | G | I | R | Â | Y |
| Y | G | M | Y | M | Y | X | T | L | P | Y | Y | Y | D |
| N | B | D | A | T | Ạ | U | Q | H | N | Á | C | D | R |
| D | H | P | O | R | N | Ố | N | Đ | Ổ | B | Ộ | Ự | O |
| U | U | Í | H | K | G | N | Ô | H | K | R | C | N | P |
| K | Ẹ | G | Y | M | Q | G | N | Ó | B | R | H | G | H |
| P | H | I | H | À | N | H | Đ | O | À | N | I | N | I |
| V | Đ | V | L | B | Ầ | U | T | R | Ờ | I | Ề | Ớ | C |
| A | Ộ | H | U | N | Đ | Ộ | C | A | O | M | U | Ư | Ô |
| D | N | R | N | V | Ê | G | Q | Q | O | G | C | H | N |
| O | G | N | N | H | C | I | N | G | N | O | A | N | G |
| B | C | H | C | Á | H | K | H | N | À | H | O | B | Y |
| I | Ơ | T | Q | D | L | I | G | N | Ó | H | P | C | C |

ĐỘ CAO  
KHÔNG KHÍ  
BÓNG  
XÂY DỰNG  
PHI HÀNH ĐOÀN  
HẠ XUỐNG  
THIẾT KẾ  
HƯỚNG  
ĐỘNG CƠ  
NHIÊN LIỆU  

CHIỀU CAO  
LỊCH SỬ  
HYDRO  
ĐỔ BỘ  
PHÓNG  
HÀNH KHÁCH  
PHI CÔNG  
CÁNH QUẠT  
BẦU TRỜI

# 59 - Ocean

```
O L G P V T V Q L M Ô T R C
C I Y M L O Q K Ư U T D D U
T Á C Á M Ậ P B Ơ Ố S Ứ A A
Ô H N A S T B Ọ N I R Ù A A
C Q Ủ C L A O T Y G L Y T U
Á B A Y V H D B O T H C V R
N I Ã Y T M G I Ạ L Ả R T K
G O C O B R N Ể I B G N O R
Ừ V L O T I I N D G Y G Ả L
C Á H E O Á Q Ề N A O B T D
D C U A D P P I U Q B H V B
B Ạ C H T U Ộ C À P T I O Y
R M D N V U I R H M P M R A
P M Y U A V R U K L P D Y O
```

TẢO
SAN HÔ
CUA
CÁ HEO
LƯƠN
CÁ
SỨA
BẠCH TUỘC
HÀU
TRẢ LẠI

MUỐI
RONG BIỂN
CÁ MẬP
TÔM
BỌT BIỂN
BÃO TÁP
THỦY TRIỀU
CÁ NGỪ
RÙA
CÁ VOI

# 60 - Force and Gravity

| | | | | | | | | | | | |
|---|---|---|---|---|---|---|---|---|---|---|---|
| Q | C | Ộ | N | V | I | N | D | Ý | L | T | Ậ | V | K |
| G | B | Đ | O | S | B | B | M | H | G | Í | Q | T | H |
| T | P | C | R | Ứ | Á | B | N | G | C | N | D | R | O |
| Á | Ừ | Ố | N | C | H | R | K | O | Ổ | H | P | U | Ả |
| S | M | T | N | É | P | N | R | O | T | C | Y | N | N |
| A | Ở | D | Í | P | M | Q | P | I | M | H | U | G | G |
| M | R | K | G | N | Á | O | U | H | Y | Ấ | D | T | C |
| I | Ộ | U | G | N | H | U | V | Ỹ | Ộ | T | L | Â | Á |
| A | N | L | D | V | K | B | U | À | Đ | H | G | M | C |
| Y | G | T | R | Ụ | C | O | U | H | G | Ạ | M | Q | H |
| V | N | Ă | N | G | Đ | Ộ | N | G | N | A | O | U | N |
| D | L | C | Y | C | Ơ | K | H | Í | Ờ | K | T | N | R |
| T | H | Ờ | I | G | I | A | N | Q | Ư | B | A | C | P |
| L | V | D | G | G | N | Ộ | Đ | Ử | C | I | T | N | N |

TRỤC  
TRUNG TÂM  
KHÁM PHÁ  
KHOẢNG CÁCH  
NĂNG ĐỘNG  
MỞ RỘNG  
MA SÁT  
TỪ TÍNH  
CƯỜNG ĐỘ  
CƠ KHÍ  

ĐÀ  
CỬ ĐỘNG  
QUỸ ĐẠO  
VẬT LÝ  
SỨC ÉP  
TÍNH CHẤT  
TỐC ĐỘ  
THỜI GIAN  
PHỔ

# 61 - Birds

| | | | | | | | | | | | |
|---|---|---|---|---|---|---|---|---|---|---|---|
| M | O | T | P | Q | A | P | P | N | M | M | Q | V | O |
| U | U | L | Ò | Q | Y | G | B | U | O | T | C | Ị | L |
| C | H | I | M | C | Á | N | H | C | Ụ | T | H | T | V |
| M | T | N | Y | C | H | Ô | U | Ệ | T | N | I | H | C |
| I | I | R | P | V | O | C | C | I | N | A | M | U | D |
| H | Q | T | Ứ | K | L | N | C | D | D | C | S | L | F |
| C | G | N | Ô | N | Ồ | B | Q | Y | Ê | U | Ể | T | L |
| O | Q | V | G | G | G | N | O | U | B | O | Q | H | A |
| T | C | A | N | A | R | Y | Y | R | Ạ | T | L | I | M |
| Ẹ | K | Y | Q | Q | G | Đ | À | Đ | I | Ể | U | Ê | I |
| V | B | P | P | Y | I | M | A | R | T | N | Y | N | N |
| N | G | Ỗ | N | G | Đ | Ạ | I | B | À | N | G | N | G |
| O | V | H | I | P | Y | Y | T | Y | G | I | C | G | O |
| C | P | A | G | B | Y | B | P | K | H | A | H | A | T |

CANARY  
GÀ  
CON QUẠ  
CHIM CU  
YÊU  
VỊT  
ĐẠI BÀNG  
TRỨNG  
FLAMINGO  
NGỖNG  

DIỆC  
ĐÀ ĐIỂU  
CON VẸT  
CÔNG  
BỒ NÔNG  
CHIM CÁNH CỤT  
CHIM SẺ  
CÒ  
THIÊN NGA  
TOUCAN

# 62 - Nutrition

```
G  N  Ặ  N  N  Â  C  Â  N  B  Ằ  N  G  T
C  H  Ấ  T  L  Ư  Ợ  N  G  L  G  O  N  I
L  G  R  N  T  G  P  H  L  K  O  G  Ắ  Ê
Y  T  Y  H  Ư  Ơ  N  G  V  Ị  G  N  Đ  U
C  A  R  B  O  H  Y  D  R  A  T  E  P  H
C  O  C  B  C  H  I  L  M  K  Ố  U  R  Ó
K  A  B  V  O  H  P  A  Q  C  X  Q  O  A
H  Ă  L  P  Ă  S  Ấ  Ố  V  U  C  I  T  L
Ỏ  N  D  O  N  D  Ứ  T  Y  Q  Ớ  Ó  E  Ê
E  K  U  O  Đ  Q  B  C  L  Y  Ư  H  I  N
M  I  P  I  Ư  L  M  Ộ  K  Ỏ  N  T  N  M
Ạ  Ê  V  G  Ợ  K  B  Đ  R  H  N  N  B  E
N  N  N  V  C  M  D  L  V  H  Ỏ  G  M  N
H  G  V  I  T  A  M  I  N  O  O  E  R  L
```

NGON
CÂN BẰNG
ĐẮNG
CALO
CARBOHYDRATE
ĂN KIÊNG
TIÊU HÓA
ĂN ĐƯỢC
LÊN MEN
HƯƠNG VỊ

THÓI QUEN
SỨC KHỎE
KHỎE MẠNH
CHẤT LỎNG
PROTEIN
CHẤT LƯỢNG
NƯỚC XỐT
ĐỘC TỐ
VITAMIN
CÂN NẶNG

# 63 - Hiking

```
C H U Ẩ N B Ị C M D C H Đ T
H O A N G D Ã Ô G L H Ư M Á
M Ể I H Y U G N I Ố M Ớ Ặ Đ
B G N Ố Y À I G Q I U N T H
N N D M B C A V P V I G T C
U Ớ N R V H K I N Ú I D R Á
R Ư Y R T C D Ê T R R Ã Ờ V
K H Í H Ậ U Ắ N M T N N I H
B H N M V G A M K U N Ư Ớ C
Ả N N Q G O B O T U Ỗ L L I
N Ị Q R N I H Â Ệ R N I R B
Đ Đ O D Ộ C O M M N Ạ C T A
Ồ Ự L N Đ N Ặ N G L O I K V
A S T H I Ê N N H I Ê N Y R
```

ĐỘNG VẬT
GIÀY ỐNG
CẮM TRẠI
VÁCH ĐÁ
KHÍ HẬU
HƯỚNG DẪN
MỐI NGUY HIỂM
NẶNG
BẢN ĐỒ
MUỖI

NÚI
THIÊN NHIÊN
SỰ ĐỊNH HƯỚNG
CÔNG VIÊN
CHUẨN BỊ
ĐÁ
MẶT TRỜI
MỆT
NƯỚC
HOANG DÃ

# 64 - Professions #1

```
P N O I I Ư S T Ậ U L Q Q A
L Y G Ủ H T Y Ủ H T B Y T Á
U T N Â V H Y A M Ợ H T K V
M H Ô Q N O Y Q Q Ĩ S C Ự L
B V C L D H T B O S O Ă Y L
E U Ũ L C C À V G C D J N Í
R Đ V O K R K N R Á P E U N
P N Ạ N Y H Ĩ Q G B A W H H
O N A I P Ĩ S Ệ H G N E N C
O Y L N S Y C R M M B L H Ứ
P Y Y M O Ứ Ợ P C I G E Ạ U
P Y I B R U Ư T H D U R C H
Y A O O T U D U R L R M S Ỏ
B I Ê N T Ậ P V I Ê N R Ĩ A
```

ĐẠI SỨ
LỰC SĨ
LUẬT SƯ
NGÂN HÀNG
VŨ CÔNG
BÁC SĨ
BIÊN TẬP VIÊN
LÍNH CỨU HỎA
THỢ SĂN

JEWELER
NHẠC SĨ
Y TÁ
DƯỢC SĨ
NGHỆ SĨ PIANO
PLUMBER
THỦY THỦ
THỢ MAY

# 65 - Barbecues

```
R M Y L B C Q G T M Q K A B
P I N Y Ữ V O B O U O N N Ạ
I C P I A G P V M Ố Y B R N
Q H Đ A T U K C R I A R P B
N K Ó Q Ố D A O F O R K S È
H A I Y I G V T R Ò C H Ơ I
R A U Â M Ù A H È N Q N Y R
N Ư Ớ C X Ố T M N Y V Ó D Â
P B R I T R Ẻ E M U V N G M
U T I Á K N Ă C Ứ H T G À N
T T H R U Ư I L C D M G A H
Y I R T V Ớ C À C H U A Q Ạ
N Y D H L N S A L A D S P C
Y Q B I L G G I A Đ Ì N H R
```

GÀ
TRẺ EM
BỮA TỐI
GIA ĐÌNH
THỨC ĂN
FORKS
BẠN BÈ
TRÁI CÂY
TRÒ CHƠI
NƯỚNG

NÓNG
ĐÓI
DAO
ÂM NHẠC
SALADS
MUỐI
NƯỚC XỐT
MÙA HÈ
CÀ CHUA
RAU

# 66 - Chocolate

| K | P | O | C | H | D | Q | I | U | C | P | I | B | A |
|---|---|---|---|---|---|---|---|---|---|---|---|---|---|
| Ỳ | O | T | A | N | Ư | Ừ | R | G | R | A | T | Ộ | N |
| L | G | G | C | G | O | Ơ | A | H | C | R | L | T | T |
| Ạ | Y | N | A | Ọ | U | P | N | O | G | N | G | O | I |
| H | O | V | O | T | T | G | I | G | P | U | V | K | O |
| C | A | R | A | M | E | L | Q | V | V | Q | T | M | X |
| Í | N | Y | D | Ơ | P | O | B | C | Y | Ị | V | O | I |
| H | L | P | V | H | P | H | C | Đ | Y | K | Ẹ | O | D |
| T | C | N | B | T | M | Q | D | Ư | N | V | C | A | A |
| U | L | P | T | V | G | Y | B | Ờ | O | I | T | C | N |
| Ê | K | T | C | Ứ | H | T | G | N | Ô | C | Q | T | T |
| Y | Đ | Ắ | N | G | V | Ị | H | G | H | U | V | G | B |
| T | H | À | N | H | P | H | Ầ | N | U | G | H | M | A |
| Đ | Ậ | U | P | H | Ộ | N | G | R | Q | G | N | V | C |

ANTIOXIDANT  
THƠM  
ĐẮNG  
CACAO  
CALO  
KẸO  
CARAMEL  
DỪA  
NGON  
KỲ LẠ  
YÊU THÍCH  
HƯƠNG VỊ  
THÀNH PHẦN  
ĐẬU PHỘNG  
BỘT  
CÔNG THỨC  
ĐƯỜNG  
NGỌT  
VỊ

# 67 - Vegetables

| | | | | | | | | | | | |
|---|---|---|---|---|---|---|---|---|---|---|---|
| R | I | Y | A | G | U | Ô | Ẹ | H | Ủ | C | K | B | V |
| Đ | Ậ | U | N | C | Ơ | L | P | Ú | S | Ằ | C | Ô | P |
| Ô | S | I | T | A | H | I | M | L | K | N | D | N | L |
| G | Ừ | N | G | Ố | H | U | M | Y | H | T | K | G | R |
| N | D | V | Q | O | R | H | Y | A | M | Â | L | C | A |
| Í | A | Ư | M | Y | I | À | U | Q | O | Y | G | Ả | Q |
| B | L | D | A | C | I | Ả | C | Ủ | C | U | L | I | Y |
| Ả | A | M | M | C | K | A | H | C | K | Y | L | X | M |
| U | S | Q | U | G | H | M | G | K | K | B | M | A | M |
| Q | Y | V | O | B | I | U | Í | G | Q | D | Ù | N | V |
| R | A | U | B | I | N | A | Ộ | T | Ỏ | I | I | H | H |
| A | N | Ấ | M | M | N | D | Y | T | À | B | T | L | À |
| C | À | C | H | U | A | L | B | U | T | C | Â | A | N |
| O | N | P | L | U | K | H | D | A | D | K | Y | H | H |

ATISÔ
BÔNG CẢI XANH
CÀ RỐT
SÚP LƠ
CẦN TÂY
DƯA CHUỘT
CÀ TÍM
TỎI
GỪNG
NẤM

Ô LIU
HÀNH
MÙI TÂY
ĐẬU
QUẢ BÍ NGÔ
SALAD
CỦ HẸ
RAU BINA
CÀ CHUA
CỦ CẢI

# 68 - The Media

```
Đ K I Y H T S K O U K C Ố H
L À V L Q R Ự R G Y U Ô S Ì
P I I T T Í T A D G P N T N
H P Ê G A T H C B K D G Ậ H
I C U N K U Ậ Q A Q H N U Ả
Ê B N Â L Ệ T M A L N G H N
N Á K H I Ạ M G N Ơ Ư H T H
B O H N C Í C R H I M I Ỹ D
Ả Y L Á T H Á I Đ Ộ D Ẽ K Ý
N M M C M P N I L N O P D K
D Ạ V A G H G I Á O D Ụ C I
G N Ộ C G N Ô C O T Q V C Ế
Y G R A M I N V B A U P A N
A M B P L K Q U Ả N G C Á O
```

QUẢNG CÁO
THÁI ĐỘ
THƯƠNG MẠI
LIÊN LẠC
KỸ THUẬT SỐ
PHIÊN BẢN
GIÁO DỤC
SỰ THẬT
KINH PHÍ

HÌNH ẢNH
CÁ NHÂN
CÔNG NGHIỆP
TRÍ TUỆ
MẠNG
BÁO
Ý KIẾN
CÔNG CỘNG
ĐÀI

# 69 - Boats

```
P  H  À  D  M  U  T  D  M  Q  V  A  D  B
L  U  C  T  Â  G  A  O  O  G  U  U  D  Ơ
D  P  T  C  V  Y  N  C  A  M  L  R  R  C
Ủ  H  T  Y  Ủ  H  T  K  L  Ồ  G  K  A  G
K  T  M  P  H  A  O  H  T  U  B  I  Ể  N
A  H  M  C  V  N  E  Q  Ừ  B  H  Ồ  Y  Ộ
Y  Ủ  Ồ  M  M  N  N  K  B  N  C  G  M  Đ
A  Y  U  M  Y  U  U  U  K  Ề  G  N  Ô  S
K  T  B  U  I  R  A  B  D  Y  N  Ơ  D  N
M  R  T  È  H  C  H  C  D  U  Ồ  Ư  C  P
B  I  Ộ  A  V  Ả  M  V  A  H  U  D  I  K
Q  Ề  C  A  Y  Y  I  K  C  T  X  I  K  P
O  U  B  Q  C  Y  B  L  I  Y  R  Ạ  N  D
D  U  T  H  U  Y  Ề  N  Ý  Q  O  Đ  N  N
```

NEO
PHAO
XUỒNG
DOCK
ĐỘNG CƠ
PHÀ
KAYAK
HỒ
CỘT BUỒM
HẢI LÝ
ĐẠI DƯƠNG
BÈ
SÔNG
DÂY THỪNG
THUYỀN BUỒM
THỦY THỦ
BIỂN
THỦY TRIỀU
DU THUYỀN

# 70 - Activities and Leisure

```
B Ó N G C H À Y H Q Y P D B
L Ặ N N I N G Á C U Â C M Ó
Q U Y Ề N A N H Ị Ầ N R H N
P M U A S Ắ M T L N D N T G
V Á A D Y K C V U V Q Y U C
H Đ Y U G C R R D Ợ I L K H
N G H Ệ T H U Ậ T T Q B C U
Ã N N I Ớ C L D B K G P Ắ Y
I Ó A H Ư Í À B R N D Q M Ề
G B R C L H M L Ơ G K D T N
Ư Q T V C T V A G I F P R T
H M C A Y Ở Ư T L K L B Ạ O
T B Ứ T P S Ờ M Q N O Ộ I H
O B B Ổ R G N Ó B Y G U I R
```

NGHỆ THUẬT          BỨC TRANH
BÓNG CHÀY           THƯ GIÃN
BÓNG RỔ             MUA SẮM
QUYỀN ANH           BÓNG ĐÁ
CẮM TRẠI            LƯỚT
LẶN                 BƠI LỘI
CÂU CÁ              QUẦN VỢT
LÀM VƯỜN            DU LỊCH
GOLF                BÓNG CHUYỀN
SỞ THÍCH

# 71 - Driving

| | | | | | | | | | | | | |
|---|---|---|---|---|---|---|---|---|---|---|---|---|
| N | N | H | I | Ê | N | L | I | Ệ | U | H | B | U | L |
| A | G | N | G | U | Y | H | I | Ể | M | O | G | C | C |
| N | Q | Ư | N | L | Q | Y | Ả | Ơ | C | G | N | Ộ | Đ |
| T | U | O | Ờ | Q | R | L | T | Q | Q | I | Ô | T | T |
| O | A | K | Ư | I | R | B | E | T | A | Ấ | H | A | L |
| À | B | V | Đ | A | L | T | X | O | A | Y | T | I | P |
| N | I | B | D | R | Y | Á | M | E | X | P | O | N | L |
| T | P | B | M | V | T | S | I | Y | U | H | A | Ạ | U |
| Ộ | T | Ố | C | Đ | Ộ | H | P | X | Y | É | I | N | N |
| B | N | L | X | C | O | N | O | C | E | P | G | K | G |
| I | Ả | V | H | E | R | Ả | A | I | U | L | N | H | A |
| Đ | U | N | N | O | H | C | P | H | A | N | H | Í | R |
| T | R | N | Đ | H | H | Ơ | A | T | I | I | Y | C | A |
| D | V | C | A | Ồ | A | I | I | V | I | K | D | M | R |

TAI NẠN
PHANH
XE HƠI
NGUY HIỂM
NGƯỜI LÁI XE
NHIÊN LIỆU
GA-RA
KHÍ
GIẤY PHÉP
BẢN ĐỒ

ĐỘNG CƠ
XE MÁY
ĐI BỘ
CẢNH SÁT
ĐƯỜNG
AN TOÀN
TỐC ĐỘ
GIAO THÔNG
XE TẢI

# 72 - Professions #2

```
B N L Y D Y N Â D G N Ô N R
O M U O V N P H L K O T V K
R L Ử T M Á H T À A I H K Q
T N H D G M O A D B T O Ỹ M
R Ĩ S C Á B O B S K Á Ạ S Q
I P D Ọ P K N L G Ĩ Q O Ư R
Ế H C Í N H T R Ị G I A M
T I H A I G H N Ả P Ế I H N
G C Ọ Ó P H I H À N H G I A
I Ô A H N H À N G Ô N N G Ữ
A N S À G I Á O V I Ê N B G
L G Ĩ H V G V N D R Y D L B
D N T N Ả B T Ấ U X À H N D
G I Á O S Ư H T Ủ H T C A Q
```

PHI HÀNH GIA
NHÀ HÓA HỌC
NHA SĨ
THÁM TỬ
KỸ SƯ
NÔNG DÂN
HỌA
NHÀ BÁO
THỦ THƯ
NHÀ NGÔN NGỮ
HỌA SĨ
TRIẾT GIA
NHIẾP ẢNH GIA
BÁC SĨ
PHI CÔNG
CHÍNH TRỊ GIA
GIÁO SƯ
NHÀ XUẤT BẢN
GIÁO VIÊN

# 73 - Emotions

```
K U R R Y Y D U R I D Q U B
N I Ề M V U I Ị M D H I P Ị
Â G I B X D G N U D I Ộ N K
I K R R B Ấ O N Ê D O V P Í
R O U S R M U T Y G À Ộ V C
T Q Ợ S I Ỗ N H Q T H N T H
C H À I L Ò N G Ổ H Ò N G T
L Ả H L O V G K C Ư A Ẫ N H
A B M B H H M L H G B H Ỗ Í
G V Q T L Ặ N G Á I Ì P I C
H T Q L H A D I N Ã N Ự B H
D U L R N Ô Q V N N H S U A
P Y G C H B N I Ả D T N Ồ G
L Ò N G T Ố T G N I H V N K
```

SỰ PHẪN NỘ
BLISS
CHÁN NẢN
LẶNG
NỘI DUNG
XẤU HỔ
BỊ KÍCH THÍCH
NỖI SỢ
TRI ÂN

NIỀM VUI
LÒNG TỐT
YÊU
HÒA BÌNH
THƯ GIÃN
NỖI BUỒN
HÀI LÒNG
CẢM THÔNG
DỊU DÀNG

# 74 - Mythology

```
T Ế H C Ó C A M I V H N À H
C R T H Ả M H Ọ A Ă L I C T
Á S U K O T N N K N M T Q H
C I V Y G G H E N H M M I I
V N T U Ề P O P D O Ê Ề G Ê
Ị H S D H N Ạ H P Á C I N N
T V T É H K T Ù U V U N G Đ
H Ậ L T T M G H Q L N D U Ư
Ầ T Y T T R N T U B G D Y Ờ
N M B Q L M Á Ả B Y K P Ê N
B D V M P Y S R H C Ế V N G
S Ự B Ấ T T Ử T I M O T M V
L U A S Q U Á I V Ậ T G Ã L
A N H H Ù N G V U L N R U D
```

NGUYÊN MẪU  SỰ BẤT TỬ
HÀNH VI  GHEN
NIỀM TIN  MÊ CUNG
SÁNG TẠO  TRUYỀN THUYẾT
SINH VẬT  SÉT
VĂN HOÁ  QUÁI VẬT
CÁC VỊ THẦN  CÓ CHẾT
THẢM HỌA  TRẢ THÙ
THIÊN ĐƯỜNG  SẤM
ANH HÙNG

# 75 - Hair Types

```
V U R V X O Y Y O L U K I T
U C H H O N G Ắ N K N L A Ó
T V A B Ă S Á N G B Ó N G C
D L Q T N E Đ U P H L D N V
H C H H V D À Y I Ó H U Ắ À
K V U À M Á X U À M Y G R N
P I Â R V K I T D D K O T G
I Y N B L V M Ề M L H B L P
R Y U D Ạ S D I A R B U A U
A B À Ô K C G M H R Q B O Y
Y B M H N Ạ M E Ở H K R O G
G P R K Ệ H A U B N T R Q C
Y L O L B T B O P A G D Y P
B O T D P B D M C U V T O R
```

HÓI  
ĐEN  
TÓC VÀNG  
BỆN  
BRAIDS  
MÀU NÂU  
MÀU  
CURLS  
XOĂN  
KHÔ  

MÀU XÁM  
KHỎE MẠNH  
DÀI  
SÁNG BÓNG  
NGẮN  
BẠC  
MỀM  
DÀY  
MỎNG  
TRẮNG

# 76 - Garden

```
R K T D V G D S D E E W I I
C K X G Ư O R Â T B N O H R
N Ỏ Ẻ U Ờ T I N Q U O V D U
H N N A N M R T Ạ B M Ấ T Đ
À H G O Q I Ế H G G N Ă B Ấ
N I N À A G T Ư B M H U B T
G Ê Õ C R N H Ợ D B P G Q H
R N V P H L I N D Q Y A Q U
À V V L O L Q G Y C N R T A
O T Ò Y A Đ M I H R L A H M
V P B I G Y Á A R D A K Ẻ C
L Y G K Y C V O L R U D O H
N V A U K Q I H T N O N B V
A C Y N C Â Y Â C I Ụ B R H
```

BĂNG GHẾ  
BỤI CÂY  
HÀNG RÀO  
HOA  
GA-RA  
VƯỜN  
CỎ  
VÕNG  
VÒI  
THẺ  

AO  
HIÊN  
CÀO  
ĐÁ  
XẺNG  
ĐẤT  
SÂN THƯỢNG  
TẤM BẠT  
CÂY  
WEEDS

# 77 - Diplomacy

| | | | | | | | | | | |
|---|---|---|---|---|---|---|---|---|---|---|
| P | V | B | G | N | G | H | Ị | Q | U | Y | Ế | T | D |
| Đ | Ạ | I | S | Ứ | Q | U | Á | N | V | Y | C | U | T |
| T | H | Ả | O | L | U | Ậ | N | M | U | H | Ố | V | Đ |
| N | Ộ | N | I | G | D | C | R | Â | P | K | V | D | Ạ |
| G | N | Đ | C | B | C | H | U | I | D | K | Ấ | P | I |
| O | H | T | G | O | Q | A | G | V | Q | G | N | K | S |
| Ạ | Â | T | C | N | C | Ộ | N | G | Đ | Ồ | N | G | Ứ |
| I | N | B | O | C | U | H | Ợ | P | T | Á | C | Ô | Q |
| G | Đ | D | T | O | P | X | Q | O | C | I | V | I | C |
| I | Ạ | S | Ự | C | Ô | N | G | B | Ằ | N | G | U | Ứ |
| A | O | G | I | Ả | I | P | H | Á | P | U | P | A | Đ |
| O | H | O | C | Q | Y | A | N | N | I | N | H | B | O |
| T | O | À | N | V | Ẹ | N | H | I | H | C | N | K | Ạ |
| C | H | Í | N | H | P | H | Ủ | H | D | Q | P | G | Đ |

CỐ VẤN                ĐẠI SỨ QUÁN
ĐẠI SỨ                ĐẠO ĐỨC
CÔNG DÂN              CHÍNH PHỦ
CIVIC                 NHÂN ĐẠO
CỘNG ĐỒNG             TOÀN VẸN
XUNG ĐỘT              SỰ CÔNG BẰNG
HỢP TÁC               NGHỊ QUYẾT
NGOẠI GIAO            AN NINH
THẢO LUẬN             GIẢI PHÁP

# 78 - Beach

```
T M G T Á C B I Ể N O T Y N
U À N Ă H K U I U G P H B P
D Ư Ơ Q A U C Ô Y R U U L L
C X Ư G G Y Y M I R I Y D K
L A D M L N M Ề Q L I Ề L V
N N I C T I H D N L V N U Q
T H Ạ K Ỳ N G H Ỉ R D B I K
G R Đ C Y T V D P N O U L H
V U Ả H B I H G É Y P Ồ O K
H O D L Y V D D D Y A M Ầ Đ
T P P N Ạ Y H O K O P P I T
V T P N Ể I B Ờ B I C B Y N
M Ặ T T R Ờ I K B I Y K R V
H G G T G Đ Ả O Q Q R N A Ỏ
```

MÀU XANH  THUYỀN BUỒM
THUYỀN  CÁT
BỜ BIỂN  DÉP
CUA  BIỂN
DOCK  VỎ
ĐẢO  MẶT TRỜI
ĐẦM  KHĂN
ĐẠI DƯƠNG  KỲ NGHỈ
TRẢ LẠI

# 79 - Countries #1

| | | | | | | | | | | | | |
|---|---|---|---|---|---|---|---|---|---|---|---|---|
| O | K | D | R | Y | B | L | P | A | N | A | M | A | T |
| O | M | P | Q | A | Q | O | K | C | K | N | B | L | K |
| T | Â | Y | B | A | N | N | H | A | A | H | Y | C | I |
| N | O | C | C | O | R | O | M | K | H | N | U | G | L |
| V | Q | Q | N | Q | Y | I | C | G | B | R | A | P | D |
| L | V | E | N | E | Z | U | E | L | A | O | N | D | N |
| I | N | I | C | A | R | A | G | U | A | M | I | B | A |
| B | A | I | C | Ậ | P | B | R | V | A | A | S | H | V |
| Y | P | H | Ầ | N | L | A | N | B | L | N | R | M | Q |
| A | A | O | C | C | K | I | D | A | H | I | A | V | P |
| Y | I | Q | U | O | M | B | Z | L | P | A | E | O | A |
| V | I | Ệ | T | N | A | M | G | A | Ý | D | L | C | Y |
| S | E | N | E | G | A | L | K | N | R | A | Đ | Ứ | C |
| M | Y | A | L | A | T | V | I | A | M | B | I | R | V |

BRAZIL  
CANADA  
AI CẬP  
PHẦN LAN  
ĐỨC  
IRAQ  
ISRAEL  
LATVIA  
LIBYA  
MOROCCO  
NICARAGUA  
NA UY  
PANAMA  
BA LAN  
ROMANIA  
SENEGAL  
TÂY BAN NHA  
VENEZUELA  
VIỆT NAM

# 80 - Adjectives #1

```
H I Ệ N Đ Ạ I Ố Đ T Ệ Y U T
Đ N H K G N A P D C L V O Ố
Rẹ Đ Ầ Y T H A M V Ọ N G I
N Ộ P K P B B Y N O I N T B
P G N Ặ N R L I O R V B B B
K N H G N Ọ R T M Ê I H G N
Ỳ Ỏ M Ễ L G L P Ậ V K C N B
L M Ơ H T Ư C V H U H Í Ọ O
Ạ K Y R A H Ợ U C I Ổ U R B
P O N B O N U N H V N Ữ T H
O M L P K R A Ậ G Ẻ G H N M
L Y P M T V H P T N L P A K
H Ấ P D Ẫ N M B G C Ồ Ý U Q
T R U N G T H Ự C O P Y Q V
```

TUYỆT ĐỐI                NẶNG
ĐẦY THAM VỌNG            HỮU ÍCH
THƠM                     TRUNG THỰC
NGHỆ THUẬT               KHỔNG LỒ
HẤP DẪN                  QUAN TRỌNG
ĐẸP                      HIỆN ĐẠI
TỐI                      NGHIÊM TRỌNG
KỲ LẠ                    CHẬM
RỘNG LƯỢNG               MỎNG
VUI VẺ                   QUÝ

# 81 - Technology

| M | C | N | G | H | I | Ê | N | C | Ứ | U | D | Y | T |
|---|---|---|---|---|---|---|---|---|---|---|---|---|---|
| Á | P | O | I | N | T | E | R | N | E | T | Ữ | B | Ậ |
| Y | Q | Ả | N | I | K | B | N | À | D | Ố | L | D | P |
| Ả | N | H | T | G | K | D | M | T | S | I | O | T |   |
| N | I | Ữ | H | C | R | U | M | B | B | T | Ệ | H | I |
| H | U | C | Ố | D | N | Ỏ | Q | G | Y | Ậ | U | P | N |
| Q | V | N | N | T | R | Ì | N | H | D | U | Y | Ệ | T |
| P | V | Ộ | G | Ú | L | L | B | N | D | H | À | I | B |
| A | H | I | K | R | M | T | L | Í | O | T | B | Đ | P |
| I | N | Ầ | Ê | I | U | C | O | T | R | Ỹ | G | G | Q |
| I | V | N | N | N | V | B | G | G | Y | L | K | N | N |
| I | P | Q | I | M | N | P | T | Á | B | L | Ư | Ô | C |
| B | Y | P | D | N | Ề | U | R | M | V | A | R | H | H |
| R | D | C | K | K | H | M | G | N | B | T | T | T | M |

BLOG  
TRÌNH DUYỆT  
NỘI  
MÁY ẢNH  
MÁY TÍNH  
CON TRỎ  
DỮ LIỆU  
KỸ THUẬT SỐ  
TRƯNG BÀY  
TẬP TIN  

CHỮ  
INTERNET  
THÔNG ĐIỆP  
NGHIÊN CỨU  
MÀN  
AN NINH  
PHẦN MỀM  
THỐNG KÊ  
ẢO  
VI RÚT

# 82 - Landscapes

```
G D L S V I I Á Đ H C Á V B
N Ể I B Ô A D L Ạ O H G K L
Ă Ú R T V N R Ã I Ồ Đ A V M
B N I H G Ể G N D H Ồ Q N N
G A K Á N I N H Ư R U B B G
N B M C U B Ũ N Ơ B R Q H B
Ô Á T N T I L G N T U A Y T
S N U Ư H Ã G U G O N R Q B
A Đ B Ớ K B N Y P Q T Q T R
H Ả Y C H O U Ê R Ố C Đ Ả O
K O U T B M H N Y C Ạ K G Ả
L R H O G K T Y Ầ L M Ầ Đ Đ
T N Ú I L Ử A N T D A H U A
C Ử A S Ô N G N U Q S P D H
```

BÃI BIỂN
HANG
VÁCH ĐÁ
SA MẠC
CỬA SÔNG
SÔNG BĂNG
ĐỒI
ĐẢO
HỒ
NÚI

ỐC ĐẢO
ĐẠI DƯƠNG
BÁN ĐẢO
SÔNG
BIỂN
ĐẦM LẦY
LÃNH NGUYÊN
THUNG LŨNG
NÚI LỬA
THÁC NƯỚC

# 83 - Visual Arts

```
Đ Q C Y K G N A P O R G B L
I U H L A I H M V Ạ N Đ Ú B
Ê A Â G V V Ễ G Y T A Ấ T M
U N N I K V T T A G V T C U
K Đ D Ấ V S Á P T N O S H Q
H I U Y Ễ T Ú B I Á C É Ì Q
Ắ Ể N N Q Y C H M S C T Q M
C M G Ế Q T H N A R T C Ứ B
O G R N I T P Ả Ấ Đ Ồ G Ố M
O L P I B Q B M M H O K Q R
L C Ú R T N Ế I K O P Q G A
T L B P O N G H Ệ S Ĩ H C N
R L I T B I Y P Ụ H C H N Ả
T H À N H P H Ầ N M D H N D
```

KIẾN TRÚC
NGHỆ SĨ
PHẤN
ĐẤT SÉT
THÀNH PHẦN
SÁNG TẠO
VẼ
PHIM ẢNH
KIỆT TÁC
BỨC TRANH

CÁI BÚT
BÚT CHÌ
QUAN ĐIỂM
ẢNH CHỤP
CHÂN DUNG
ĐỒ GỐM
ĐIÊU KHẮC
GIẤY NẾN
SÁP

# 84 - Plants

```
F V Ư Ờ N M Ở B P H H G T H
R L V G N A H C R K Ạ Ố A M
M K O I P K Y Ố Y D T C L O
P H K R R Ừ N G V P Đ Ọ H Y
R Q C L A T B N R H Ậ H T L
Q U Ả M Ọ N G Ồ D Ê U T P M
H N Y R I N Q U O B U Ậ Y R
D T M O N M O G H O A V L C
D O H U N Ó B N Â H P C U L
X Ư Ơ N G R Ồ N G N A Ự R D
L T R E T H Ự C V Ậ T H P N
Á H R C Á N H H O A V T P Y
V H I P B Ụ I C Â Y Â C Y N
I U K I V Y K D V P D U T U
```

| | |
|---|---|
| TRE | RỪNG |
| HẠT ĐẬU | VƯỜN |
| QUẢ MỌNG | CỎ |
| THỰC VẬT HỌC | IVY |
| BỤI CÂY | RÊU |
| XƯƠNG RỒNG | CÁNH HOA |
| PHÂN BÓN | NGUỒN GỐC |
| FLORA | GỐC |
| HOA | CÂY |
| LÁ | THỰC VẬT |

# 85 - Boxing

| L | V | V | C | Ứ | S | T | Ệ | I | K | T | G | G | R |
|---|---|---|---|---|---|---|---|---|---|---|---|---|---|
| K | Ỹ | N | Ă | N | G | T | I | O | D | V | N | A | V |
| T | R | Ọ | N | G | T | À | I | Ê | B | V | P | C | K |
| Y | U | Q | S | Q | P | D | Ĩ | S | U | Ấ | Đ | O | B |
| O | K | M | Ứ | P | K | U | P | Q | Á | Đ | H | C | T |
| R | K | G | C | Ủ | H | T | I | Ố | Đ | R | I | P | C |
| M | V | T | M | C | N | Ụ | N | Q | I | B | N | Ể | N |
| P | M | B | Ạ | Ằ | A | L | C | Ó | G | B | Ắ | V | M |
| B | R | T | N | M | H | U | C | H | L | D | M | G | Ể |
| O | C | A | H | U | N | R | K | K | Ồ | A | T | G | I |
| C | Ơ | T | H | Ể | K | L | L | L | G | I | A | V | Đ |
| Y | B | L | A | C | H | U | Ô | N | G | N | Y | V | N |
| K | H | U | Ỷ | U | T | A | Y | A | T | G | N | Ă | G |
| C | H | Ấ | N | T | H | Ư | Ơ | N | G | N | C | M | B |

CHUÔNG  
CƠ THỂ  
CẰM  
GÓC  
KHUỶU TAY  
KIỆT SỨC  
ĐẤU SĨ  
NẮM TAY  
TIÊU ĐIỂM  
GĂNG TAY  

CHẤN THƯƠNG  
ĐÁ  
ĐỐI THỦ  
ĐIỂM  
NHANH  
PHỤC HỒI  
TRỌNG TÀI  
KỸ NĂNG  
SỨC MẠNH

# 86 - Countries #2

```
N V D A Q E N G A V B K A L
V H O P L C T K M P B N L À
N T Ậ B R G Y H A P C O B O
D K D T B N O C I X E M A L
Y J H U B O V Ạ R O U U N E
L A P E N Å Q M E R P T I B
P M S A N H N N B R L I A A
N A O I K T O A I A O B A N
Q I M R M I G Đ L R A Y L O
H C A Y U T S U G A N D A N
Y A L S Q I Q T P M L B G Q
L C I C T A N I A R K U L N
Ạ B A V K H H Y I N A D U S
P N I G E R I A L Y L R Y L
```

ALBANIA  
ĐAN MẠCH  
ETHIOPIA  
HY LẠP  
HAITI  
JAMAICA  
NHẬT BẢN  
LÀO  
LEBANON  
LIBERIA  
MEXICO  
NEPAL  
NIGERIA  
PAKISTAN  
NGA  
SOMALIA  
SUDAN  
SYRIA  
UGANDA  
UKRAINA

# 87 - Ecology

| | | | | | | | | | | | | |
|---|---|---|---|---|---|---|---|---|---|---|---|---|
| L | N | C | V | B | G | C | Q | O | T | L | Y | H | P |
| O | H | L | U | Q | V | Â | N | Á | H | N | Ạ | H | Y |
| N | V | D | O | O | P | Y | D | U | I | P | T | B | A |
| H | Q | M | Y | I | O | P | G | Ầ | Ê | B | Ự | Ề | L |
| F | L | O | R | A | G | U | O | C | N | N | N | N | Y |
| T | À | I | N | G | U | Y | Ê | N | N | T | H | V | H |
| Ậ | T | À | Ò | N | Ậ | M | B | À | H | Y | I | Ữ | Y |
| V | H | O | C | Ồ | H | K | I | O | I | Q | Ê | N | O |
| G | Ự | L | G | Đ | Í | N | V | T | Ê | P | N | G | T |
| N | C | N | N | G | H | B | Q | R | N | B | I | Ể | N |
| Ộ | V | T | Ố | N | K | O | B | V | T | N | I | Q | N |
| Đ | Ậ | R | S | Ộ | Đ | A | D | Ạ | N | G | Ú | P | M |
| M | T | R | Ự | C | T | M | A | R | S | H | I | I | P |
| Y | O | K | S | H | Y | Y | K | U | R | A | G | I | Q |

KHÍ HẬU  
CỘNG ĐỒNG  
ĐA DẠNG  
HẠN HÁN  
ĐỘNG VẬT  
FLORA  
TOÀN CẦU  
BIỂN  
MARSH  

NÚI  
TỰ NHIÊN  
THIÊN NHIÊN  
CÂY  
TÀI NGUYÊN  
LOÀI  
SỰ SỐNG CÒN  
BỀN VỮNG  
THỰC VẬT

# 88 - Adjectives #2

```
N N R N D K Ô Ả T Ô M V P G
Ă O Ó N Ê I H N Ự T À O G T
N O N N Ủ V K Ỏ K V U A C H
G O Ạ T G N Á S E G M Y R A
K O G K N N G C M M Ỡ R Ị N
H D K A N Ổ T H Ậ T Ạ G V H
I K C P Ồ I T P R P T N Ú L
Ế Ị B R U D H Ự Y U C U H Ị
U C U L B A O T H M Ặ N T C
Đ H M Ớ I N A M Q À U I D H
Ó Y O D L H N K P Q O K C K
I K U C Q D G C B T D L V P
Q P A B Q U D N H M Ạ N H I
G O H M G T Ã N P Q N N O I
```

THẬT
SÁNG TẠO
MÔ TẢ
KỊCH
KHÔ
THANH LỊCH
NỔI DANH
NĂNG KHIẾU
KHỎE MẠNH
NÓNG

ĐÓI
THÚ VỊ
TỰ NHIÊN
MỚI
MÀU MỠ
TỰ HÀO
MẶN
BUỒN NGỦ
MẠNH
HOANG DÃ

# 89 - Psychology

```
X R B P A H U C C C Đ S N B
T U D P I P Ễ U Ả Ả Á U H Ấ
K I N N D D I Ộ M M N Y À T
I I Ề G B A L C G X H N N T
G T N M Đ A Ị H I Ú G G H Ỉ
T I U H T Ộ R Ẹ Á C I H V N
O Q G R N H T N C I Á Ĩ I H
Ơ M C Ấ I G Ứ T H Ự C T Ế Ý
V Ấ N Đ Ề V H C O A T M M T
B B I C L K G I Ô T I Á C Ư
N H Ậ N T H Ứ C Ễ O G H B Ở
T H Ờ I T H Ơ Ấ U M B U U N
C Á T Í N H C U C H I I V G
R A L P L Â M S À N G U L D
```

CUỘC HẸN
ĐÁNH GIÁ
HÀNH VI
THỜI THƠ ẤU
LÂM SÀNG
NHẬN THỨC
XUNG ĐỘT
GIẤC MƠ
CÁI TÔI
CẢM XÚC

KINH NGHIỆM
Ý TƯỞNG
CÁ TÍNH
VẤN ĐỀ
THỰC TẾ
CẢM GIÁC
TIỀM THỨC
TRỊ LIỆU
SUY NGHĨ
BẤT TỈNH

# 90 - Math

| | | | | | | | | | | | |
|---|---|---|---|---|---|---|---|---|---|---|---|
| B | Á | N | K | Í | N | H | G | N | D | Đ | T | Q | P |
| L | V | L | U | H | V | Y | G | Ó | L | A | A | U | H |
| T | H | Ậ | P | P | H | Â | N | S | C | G | M | Ả | Ư |
| A | T | A | D | H | U | L | Ứ | Ố | T | I | G | N | Ơ |
| H | N | V | P | G | H | B | X | Q | Ậ | Á | I | G | N |
| G | N | Ợ | Ư | L | M | Â | I | D | H | C | Á | T | G |
| K | U | Í | H | R | K | G | Ố | Q | N | N | C | R | T |
| G | G | N | K | O | I | V | Đ | U | Ữ | D | Y | Ư | R |
| V | U | Ô | N | G | G | Ó | C | Ọ | H | Ố | S | Ờ | Ì |
| U | M | Ũ | Ố | S | N | Â | H | P | C | U | Q | N | N |
| C | H | U | V | I | Ổ | Ờ | N | A | H | B | U | G | H |
| Y | R | R | N | M | T | L | Ư | N | N | O | B | P | T |
| H | Ì | N | H | H | Ọ | C | Q | Đ | Ì | H | N | R | R |
| A | S | O | N | G | S | O | N | G | H | Y | V | U | P |

GÓC
SỐ HỌC
THẬP PHÂN
ĐƯỜNG KÍNH
PHƯƠNG TRÌNH
MŨ
PHÂN SỐ
HÌNH HỌC
SỐ
SONG SONG

CHU VI
VUÔNG GÓC
ĐA GIÁC
BÁN KÍNH
HÌNH CHỮ NHẬT
QUẢNG TRƯỜNG
TỔNG
ĐỐI XỨNG
TAM GIÁC
ÂM LƯỢNG

# 91 - Water

```
H N Ê K R B U M T Ụ L Ũ L C
I Ư I P G B A T I U B U R Ơ
N Ớ T R U I R Y V I Y O N N
O C G P Ố O O B H C T Ế U B
A Đ U Y N Đ Ộ Ẩ M Ơ B G T Ã
P Á K D G K A M G L I I P O
Á A U Y Q G O A L L G Ó C G
I I T U R A U I H P P M Q I
I Ợ G N Ơ Ư D I Ạ Đ G Ù P B
P L N G S Ó N G A Ồ T A A M
K Y Ô N N E S A O H I Ò V Ư
R Ủ S M T Ơ G E Y S E R O A
K H H Ơ I N Ư Ớ C N C Y N M
V T K I R N O S Q A A L H Y
```

KÊNH
UỐNG
BAY HƠI
LŨ LỤT
SƯƠNG GIÁ
GEYSER
CƠN BÃO
NƯỚC ĐÁ
THỦY LỢI
HỒ
ĐỘ ẨM
GIÓ MÙA
ĐẠI DƯƠNG
MƯA
SÔNG
VÒI HOA SEN
TUYẾT
HƠI NƯỚC
SÓNG

# 92 - Activities

| S | G | H | L | D | C | N | A | Đ | P | Q | H | Y | Đ |
|---|---|---|---|---|---|---|---|---|---|---|---|---|---|
| H | Ă | G | T | Ậ | U | H | T | Ệ | H | G | N | T | Ọ |
| B | C | N | I | B | N | I | Ơ | H | C | Ò | R | T | C |
| Ứ | I | Ă | B | H | Y | Ế | I | Y | H | G | P | I | M |
| C | Ạ | N | Y | Ắ | M | P | I | Q | N | P | B | O | L |
| T | R | Ỹ | H | H | N | Ả | M | A | T | H | U | Ậ | T |
| R | T | K | M | Q | G | N | Ộ | Đ | T | Ạ | O | H | L |
| A | M | G | Q | G | L | H | G | I | Ả | I | T | R | Í |
| N | Ắ | A | C | K | T | À | N | C | Y | V | B | K | O |
| H | C | Â | U | Đ | Ố | U | M | C | C | P | R | U | M |
| M | A | Y | P | Y | I | Q | A | V | Â | H | C | H | V |
| I | L | T | H | Ư | G | I | Ã | N | Ư | U | P | H | G |
| H | À | I | L | Ò | N | G | N | Y | A | Ờ | C | I | U |
| Đ | Ồ | T | H | Ủ | C | Ô | N | G | Q | N | N | Á | B |

HOẠT ĐỘNG
NGHỆ THUẬT
CẮM TRẠI
ĐỒ THỦ CÔNG
CÂU CÁ
TRÒ CHƠI
LÀM VƯỜN
SĂN BẮN
ĐAN
GIẢI TRÍ

MA THUẬT
BỨC TRANH
NHIẾP ẢNH
HÀI LÒNG
CÂU ĐỐ
ĐỌC
THƯ GIÃN
MAY
KỸ NĂNG

# 93 - Business

```
G N Ò H P N Ă V N U Ế Ệ M H
R O C U Ậ Q C H Đ Ầ U T Ư À
N H I O H R H D H V H N H N
O D Ế P N K N B R C T Ề T G
I P A T U L Í Á D V C I H H
C H I P H Í H N K H C T A Ó
N C G D T N C Ử A T I Ệ M A
H Á R I N Q I D M C I U M O
À S Y Y Ả Q À K M Ô T C H C
M N M O Q M T T Y N A I B N
Á Â V C U B G I U G R K Ề N
Y G P L Y D O I N T Q B A N
M N Q U Ả N L Ý Á Y Y P B R
C H Ủ N H Â N Ê I V N Â H N
```

NGÂN SÁCH
CÔNG TY
CHI PHÍ
TIỀN TỆ
GIẢM GIÁ
KINH TẾ
NHÂN VIÊN
CHỦ NHÂN
NHÀ MÁY
TÀI CHÍNH

THU NHẬP
ĐẦU TƯ
QUẢN LÝ
HÀNG HÓA
TIỀN
VĂN PHÒNG
BÁN
CỬA TIỆM
THUẾ

# 94 - The Company

```
K X T V B G T C D T Đ Y U R
H U À I A M O H I T Ầ O K M
Ả H I Ễ D T À U H N U D P L
N Ư N C P C N Y N A T T L D
Ă Ớ G L N C C Ê A O Ư V Q Y
N N U À B C Ầ N O G D A U H
G G Y M C O U N D D B O Y S
Đ Y Ê A L G Ộ G H O O Ạ Ế Ả
U Ơ N K Y À B H N Ì R T T N
K O N U R M N I I I G Đ P
Q R I V L K Ế Ễ K T Ủ N Ị H
M T D D Ị U I P I A R Á N Ẩ
G U G N Ế I T H N A D S H M
D O A N H T H U Q O Y L O Q
```

KINH DOANH          CHUYÊN NGHIỆP
SÁNG TẠO            TIẾN BỘ
QUYẾT ĐỊNH          DANH TIẾNG
VIỆC LÀM            TÀI NGUYÊN
TOÀN CẦU            DOANH THU
ĐẦU TƯ              RỦI RO
KHẢ NĂNG            XU HƯỚNG
TRÌNH BÀY           ĐƠN VỊ
SẢN PHẨM

# 95 - Literature

```
V Ầ N  T H Ơ  R  C H Ủ  Đ Ề  T  C
T H V M N H P H Â N T Í C H
Ả I G C Á T R D T U K T H R
D V H U S I Ạ O H T I A I G
M H O Y À T Ư Ơ N G T Ự N
I Ộ T T S B A R T Q D U I Ở
Ả I P H O N G C Á C H O D Ư
L T T I Ể U T H U Y Ế T N T
Y H U Ẩ N D Ụ B R N O V I N
Q O I Ê Ế H U P I A H N B Ễ
R Ạ T O I Y H K I K L Ị N I
Q I G N K M G R H V Ị T P V
I M M N Ý P Ự N Y Q Y C T K
I U C Q G I Ử S U Ể I T H V
```

TƯƠNG TỰ
PHÂN TÍCH
GIAI THOẠI
TÁC GIẢ
TIỂU SỬ
SO SÁNH
SỰ MIÊU TẢ
HỘI THOẠI
VIỄN TƯỞNG
ẨN DỤ

TIỂU THUYẾT
Ý KIẾN
BÀI THƠ
THƠ
VẦN
NHỊP
PHONG CÁCH
CHỦ ĐỀ
BI KỊCH

# 96 - Geography

| B | A | S | A | L | T | A | Y | Đ | S | H | Đ | Ả | O |
|---|---|---|---|---|---|---|---|---|---|---|---|---|---|
| K | I | A | Ồ | Ụ | Y | G | U | Ạ | Ô | Ư | T | G | C |
| G | Ú | Ể | Đ | C | B | Ắ | C | I | N | Ớ | U | P | R |
| P | N | V | N | Đ | Y | N | Y | D | G | N | B | Q | R |
| L | Ế | L | Ả | Ị | U | D | C | Ư | G | G | Á | U | Q |
| N | Y | M | B | A | K | R | Q | Ơ | I | T | N | Ố | V |
| Q | U | V | Ĩ | Đ | Ộ | H | U | N | H | Â | C | C | P |
| N | T | N | K | Y | H | O | U | G | M | Y | Ầ | G | O |
| Ổ | H | T | H | N | Ã | L | L | V | Q | P | U | I | C |
| L | N | B | Đ | Ộ | C | A | O | I | Ự | Y | G | A | H |
| N | I | T | H | À | N | H | P | H | Ố | C | M | D | U |
| L | K | T | H | Ế | G | I | Ớ | I | C | R | D | A | M |
| P | H | Í | A | N | A | M | A | Q | Y | P | P | B | D |
| H | R | K | V | U | N | L | V | G | T | P | B | L | U |

ATLAS  
THÀNH PHỐ  
LỤC ĐỊA  
QUỐC GIA  
ĐỘ CAO  
BÁN CẦU  
ĐẢO  
VĨ ĐỘ  
BẢN ĐỒ  
KINH TUYẾN  

NÚI  
BẮC  
ĐẠI DƯƠNG  
KHU VỰC  
SÔNG  
BIỂN  
PHÍA NAM  
LÃNH THỔ  
HƯỚNG TÂY  
THẾ GIỚI

# 97 - Jazz

```
N Q I Y G N H Ị P L C N T B
H H Y Ê U T H Í C H Ạ Ổ H I
P Ứ Ấ I M Ớ I A Ạ R H I À K
T G N N Q Ĩ S Ệ H G N D N G
Q À A G M T B Y N V N A H K
I N I G L Ạ N C A H Ạ N P Ỹ
M V Y N T O N Ạ Ò C O H H T
I U V O Ă P Y H H Ũ S O Ầ H
A L B U M N M N I D À Q N U
B À I H Á T G N Ổ I H V N Ậ
T H Ể L O Ạ I À U O N C O T
Â M N H Ạ C A D B U G H T R
L K C L P H O N G C Á C H U
K L O G U T R Ố N G B C H B
```

ALBUM
NGHỆ SĨ
NHÀ SOẠN NHẠC
THÀNH PHẦN
BUỔI HÒA NHẠC
TRỐNG
NHẤN MẠNH
NỔI DANH
YÊU THÍCH
THỂ LOẠI

HỨNG
ÂM NHẠC
MỚI
CŨ
DÀN NHẠC
NHỊP
BÀI HÁT
PHONG CÁCH
TÀI NĂNG
KỸ THUẬT

# 98 - Nature

```
Q K K R I D V N U P I H I Đ
B O N B V U Q H R A N B L Á
Q U A N T R Ọ N G Ừ Y R S M
N R T X O S H Ì N D N A E M
B R H Ó H Ư O B O L N G R Â
G U Á I N Ơ A A D L H I E Y
N U N M T N N Ò L Q I R N Q
Ă Ú H Ò I G G H I B Ệ B E V
B R I N P M D L S Ắ T C Y O
G A A A Ẹ Ù Ã I Ô C Đ O V N
N Ă N G Đ Ộ N G N C Ớ O A H
Ô D V I Ẻ O L Á G Ự I K Q Y
S Q T I V B U B G C Ạ M A S
Đ Ộ N G V Ậ T Y Q D L K R N
```

ĐỘNG VẬT
BẮC CỰC
VẺ ĐẸP
ONG
ĐÁM MÂY
SA MẠC
NĂNG ĐỘNG
XÓI MÒN
SƯƠNG MÙ
LÁ

RỪNG
SÔNG BĂNG
NÚI
HÒA BÌNH
SÔNG
THÁNH
SERENE
NHIỆT ĐỚI
QUAN TRỌNG
HOANG DÃ

# 99 - Vacation #2

```
Đ Ả O B R U X I I T I I Q K
N Y O H Ã Ế M E G P R R N H
G G B H H I Ạ R T M Ắ C Ế Á
À B L T O H B I Y Ắ P T Đ C
Y G Ả H C C X I Y C C B M H
L C N N L Ộ E Ú Ể V Ố X Ể S
Ễ Y T C Đ H L N T N U R I Ạ
I S Q D Y Ồ Ử N O T Q Y Đ N
Q Â Y H D B A Í R T I Ả G
H N Ì R T H N À H B Ạ G M Q
N B T H Ị T H Ự C I O U C C
Ả A N L Ề U Y V N Ể G D V Y
B Y B A C V D P G N N L O B
V Ậ N C H U Y Ể N Q L O T O
```

SÂN BAY  
BÃI BIỂN  
CẮM TRẠI  
ĐIỂM ĐẾN  
NGOẠI QUỐC  
NGÀY LỄ  
KHÁCH SẠN  
ĐẢO  
HÀNH TRÌNH  
GIẢI TRÍ  

BẢN ĐỒ  
NÚI  
HỘ CHIẾU  
ẢNH  
BIỂN  
XE TẮC XI  
LỀU  
XE LỬA  
VẬN CHUYỂN  
THỊ THỰC

# 100 - Electricity

```
G N Ạ M Ổ N Ệ I Đ Ợ H T Đ V
K I N Á A C A G N Ợ Ư L Ố S
R H G Y C Ự Ắ M B M B R I R
H U T P Á C L M C M R Y T P
I G B H Y U I A O H Y C Ư Q
A V B Á Y Ê C O S C Â R Ợ O
V Ị B T Ế I H T Q E D M N A
C B A Đ T T Đ I Ệ N R T G V
I U C I Ạ O H T N Ẽ I Đ G T
P M A Ễ T Í C H C Ự C N G B
C M M N È Đ D G L Ư U T R Ữ
I T L I D T M B N O B R T U
B R V P D P V D L U K A V I
Y H B D G L H H G B I R I T
```

PIN
CÁP
ĐIỆN
THỢ ĐIỆN
THIẾT BỊ
MÁY PHÁT ĐIỆN
ĐÈN
LASER
NAM CHÂM

TIÊU CỰC
MẠNG
ĐỐI TƯỢNG
TÍCH CỰC
SỐ LƯỢNG
Ổ CẮM
LƯU TRỮ
ĐIỆN THOẠI
DÂY

## 1 - Antiques
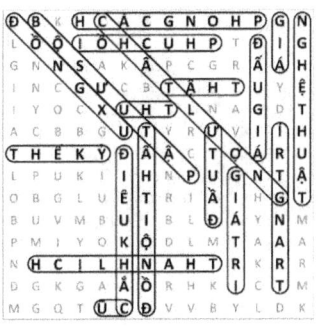

## 2 - Food #1
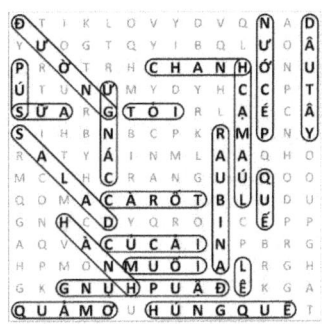

## 3 - Measurements
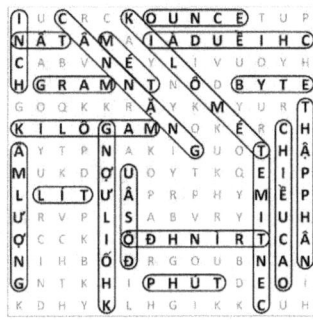

## 4 - Farm #2
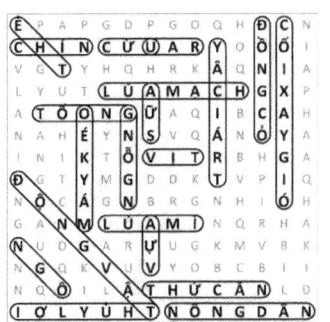

## 5 - Books
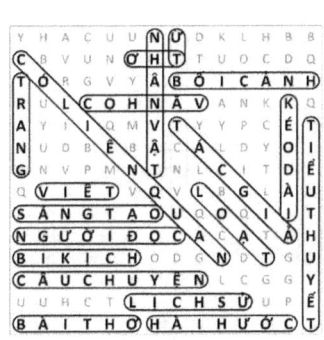

## 6 - Meditation
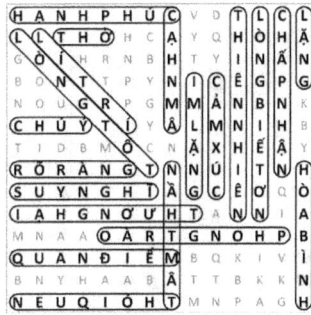

## 7 - Days and Months
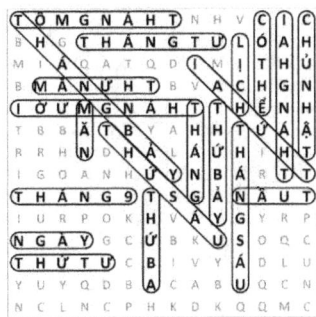

## 8 - Energy
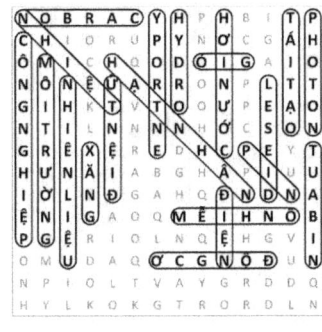

## 9 - Chess
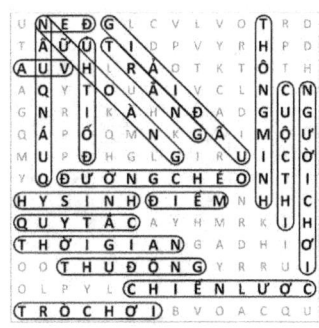

## 10 - Archeology
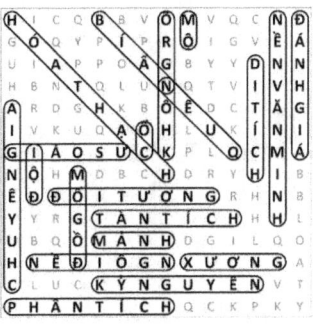

## 11 - Food #2
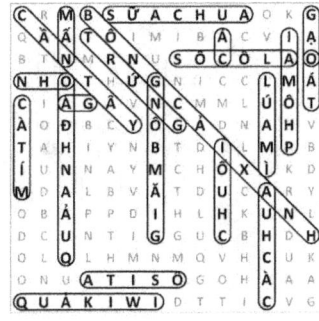

## 12 - Chemistry
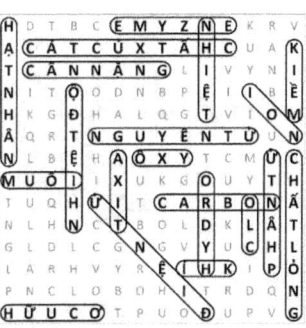

### 13 - Music
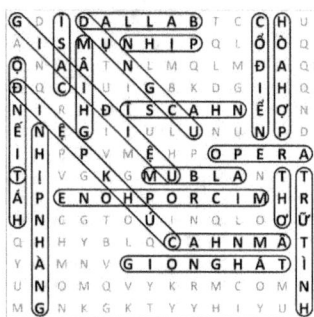

### 14 - Family
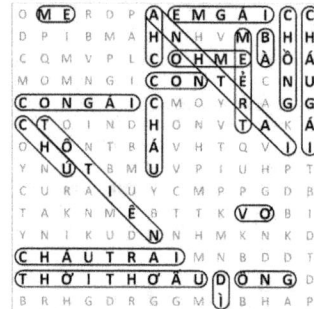

### 15 - Farm #1
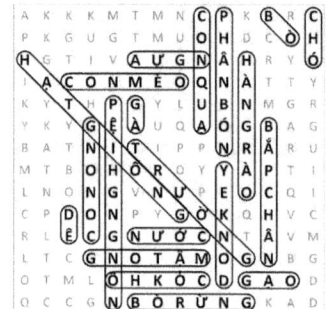

### 16 - Camping
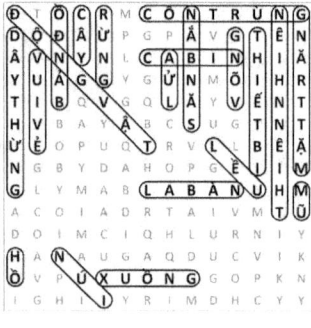

### 17 - Algebra
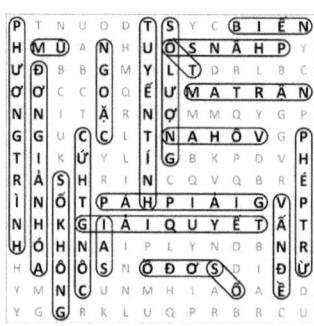

### 18 - Numbers
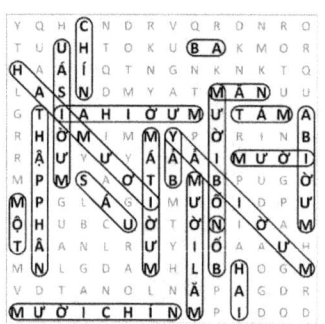

### 19 - Spices
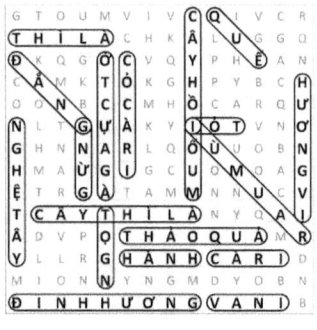

### 20 - Mammals
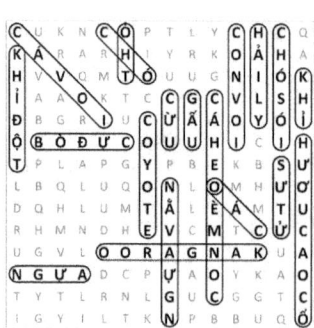

### 21 - Fishing
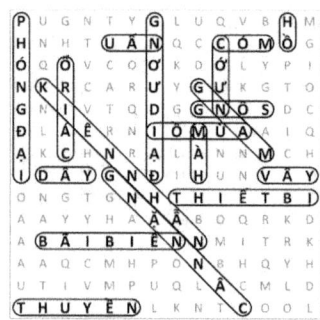

### 22 - Bees
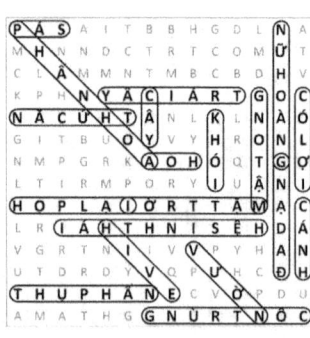

### 23 - Weather
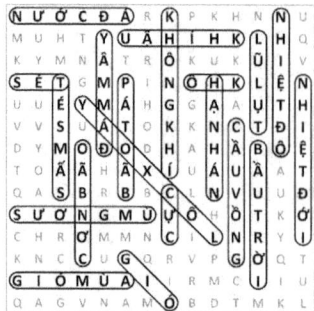

### 24 - Circus
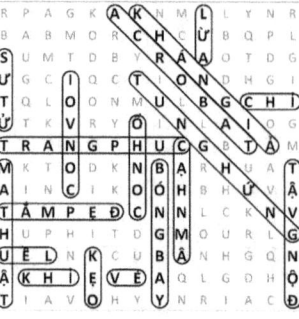

## 25 - Restaurant #2

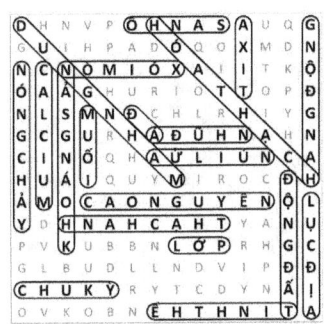

## 26 - Geology

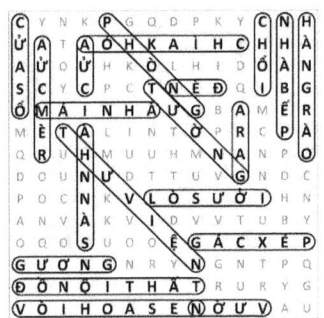

## 27 - House

## 28 - Physics

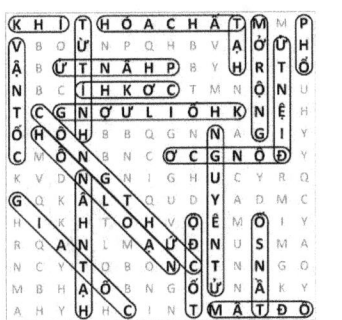

## 29 - Dance

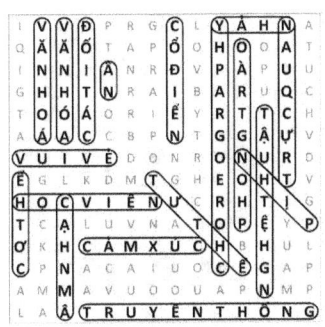

## 30 - Coffee

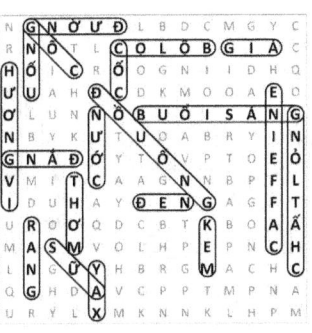

## 31 - Shapes

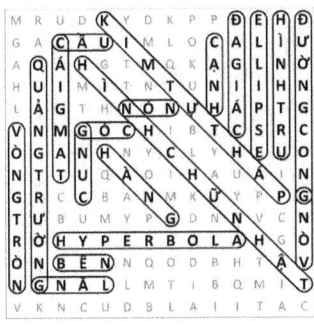

## 32 - Scientific Disciplines

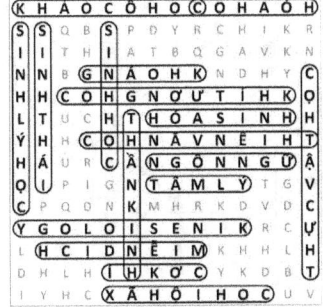

## 33 - Science

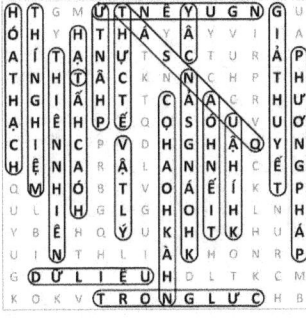

## 34 - Beauty

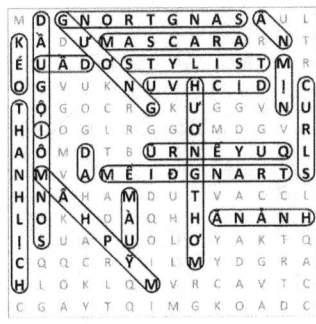

## 35 - Clothes

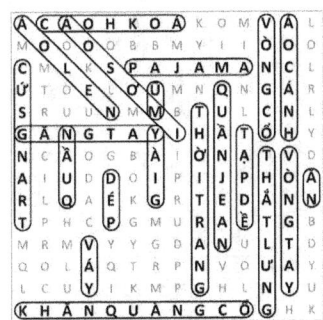

## 36 - Insects

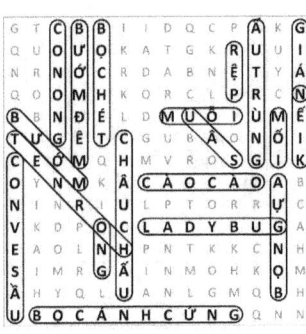

### 37 - Astronomy
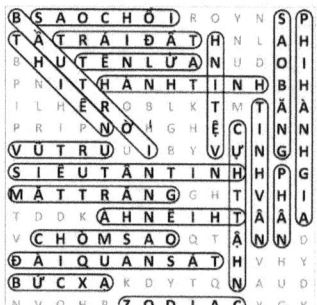

### 38 - Health and Wellness #2

### 39 - Time
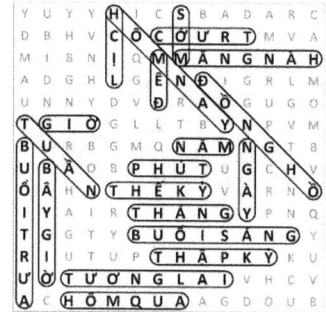

### 40 - Buildings
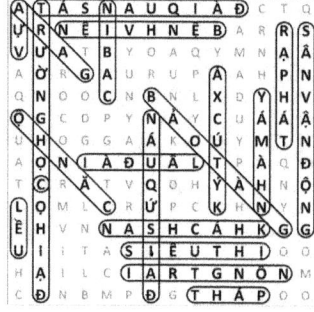

### 41 - Philanthropy
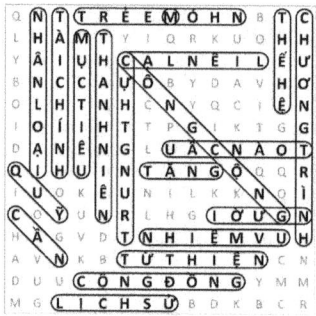

### 42 - Herbalism
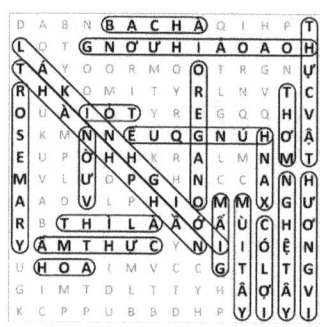

### 43 - Vehicles
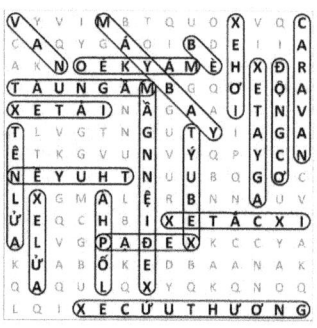

### 44 - Flowers
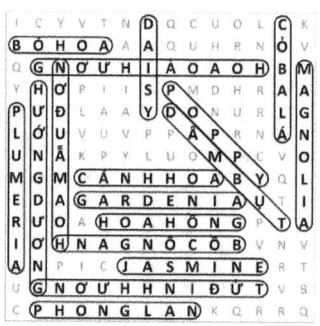

### 45 - Health and Wellness #1
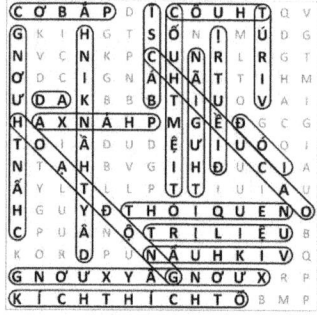

### 46 - Antarctica
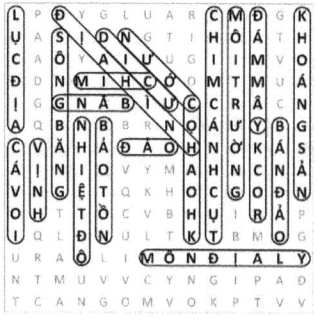

### 47 - Fashion
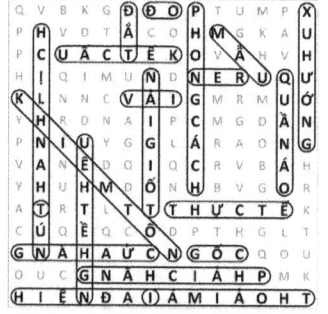

### 48 - Human Body
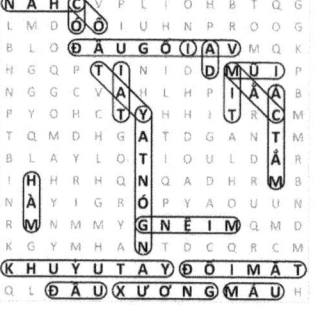

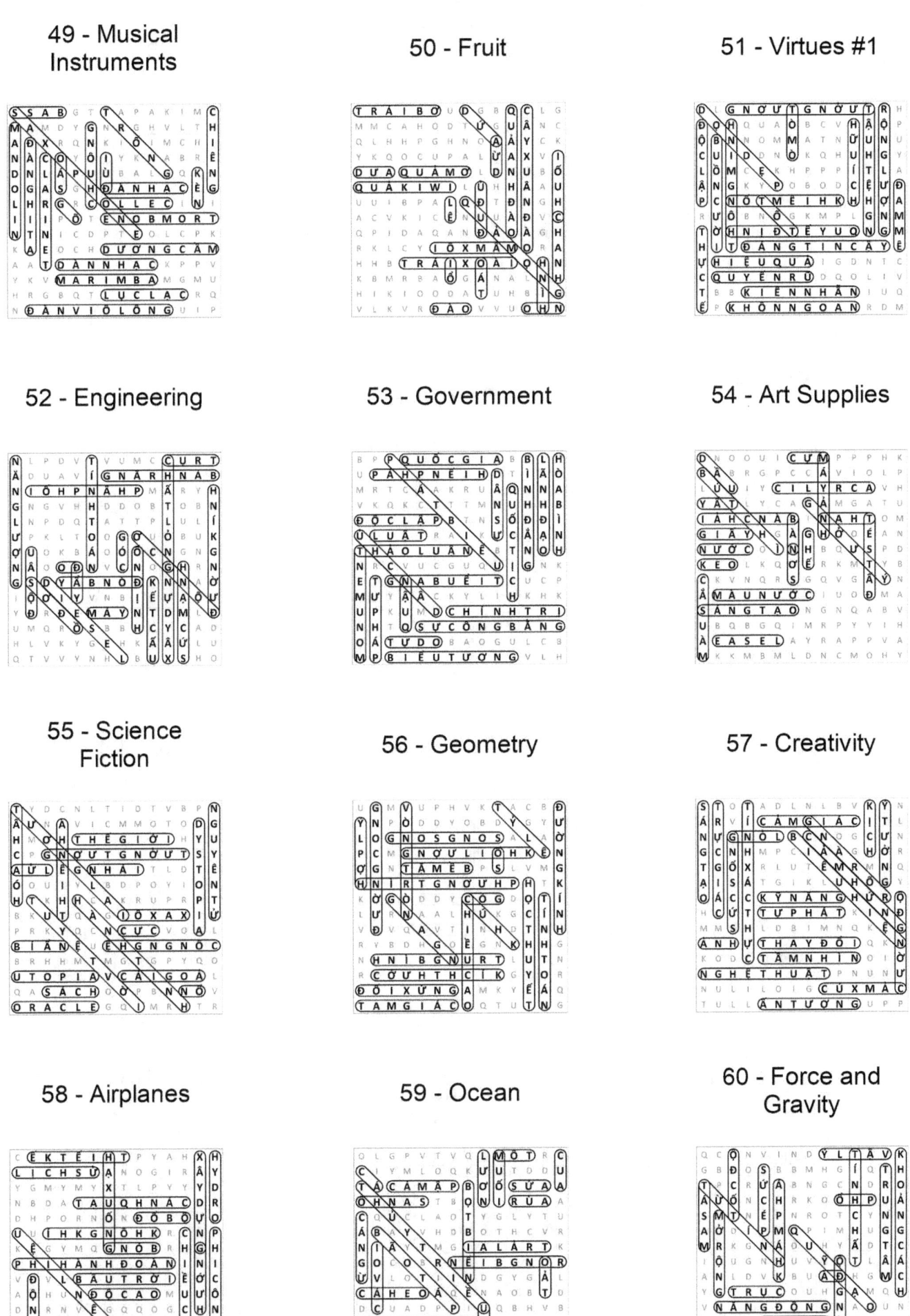

### 61 - Birds
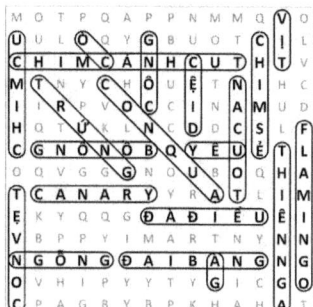

### 62 - Nutrition
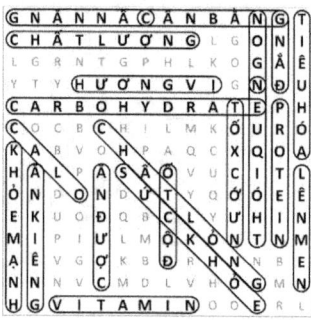

### 63 - Hiking
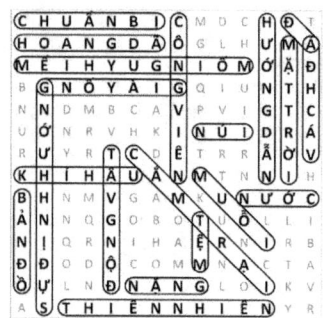

### 64 - Professions #1
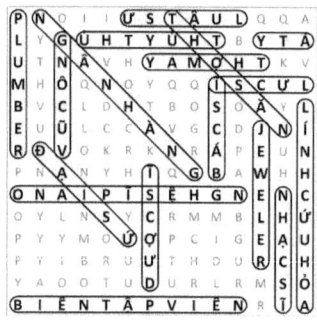

### 65 - Barbecues
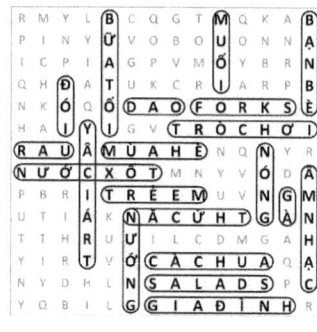

### 66 - Chocolate
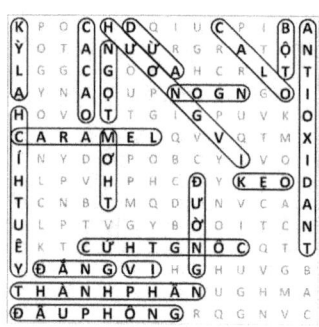

### 67 - Vegetables
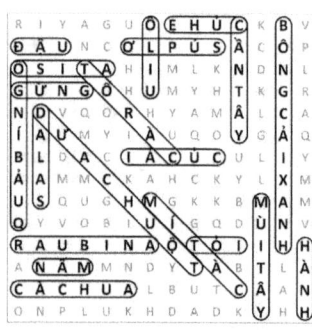

### 68 - The Media
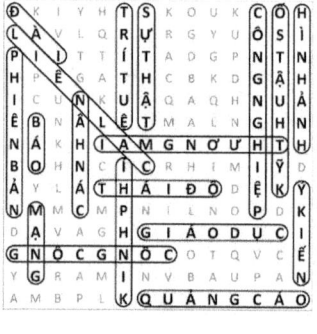

### 69 - Boats
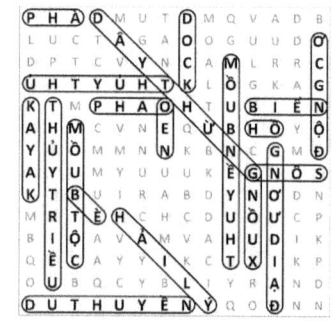

### 70 - Activities and Leisure
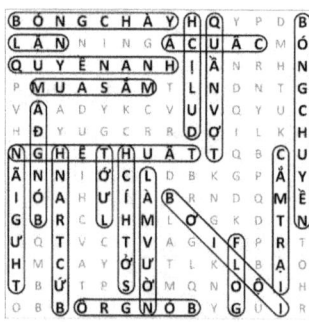

### 71 - Driving

### 72 - Professions #2

### 73 - Emotions
### 74 - Mythology
### 75 - Hair Types

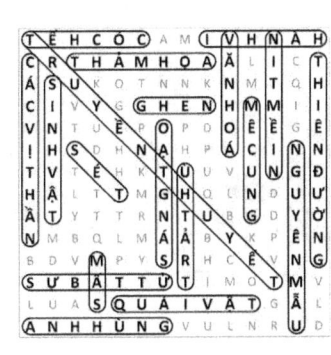
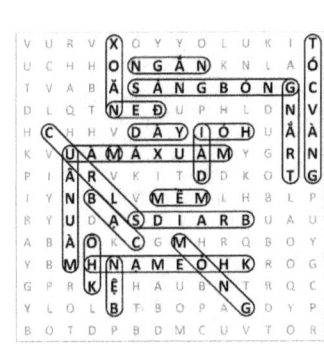

### 76 - Garden
### 77 - Diplomacy
### 78 - Beach

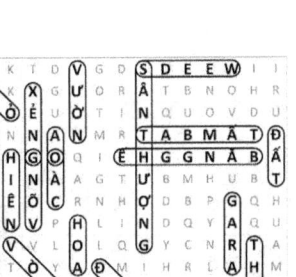
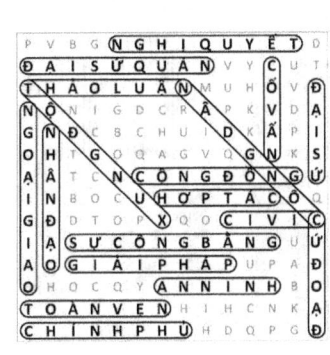
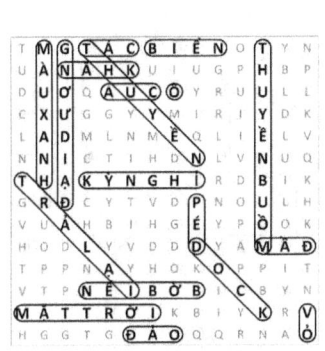

### 79 - Countries #1
### 80 - Adjectives #1
### 81 - Technology

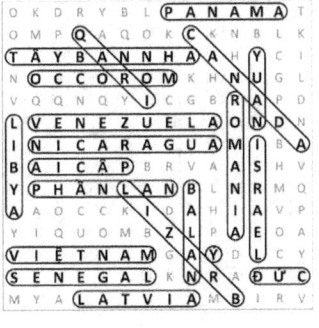
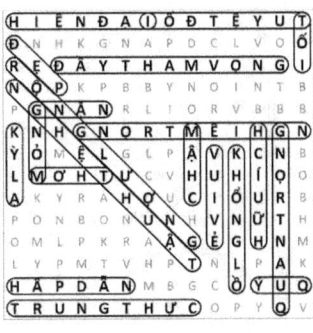
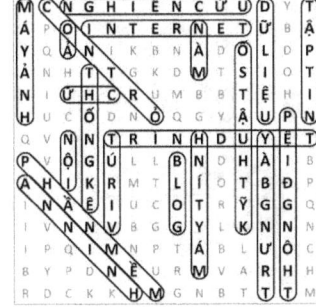

### 82 - Landscapes
### 83 - Visual Arts
### 84 - Plants

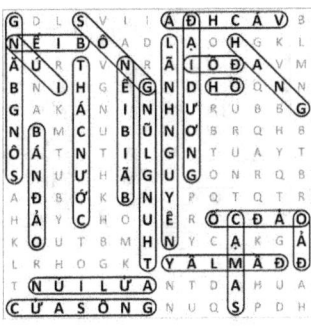
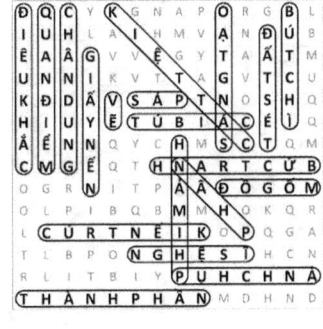
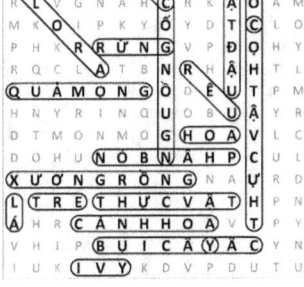

## 85 - Boxing

## 86 - Countries #2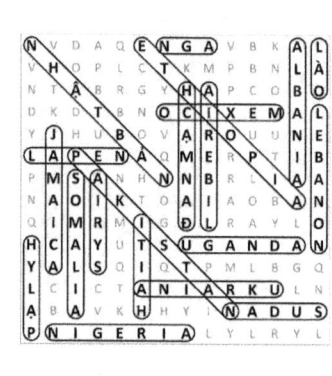

## 87 - Ecology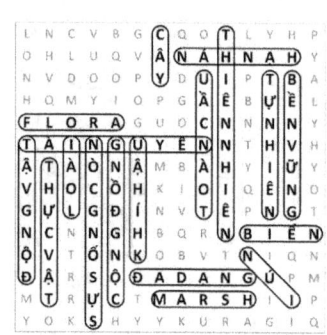

## 88 - Adjectives #2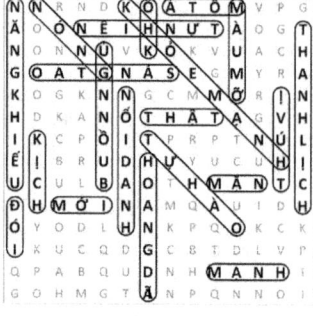

## 89 - Psychology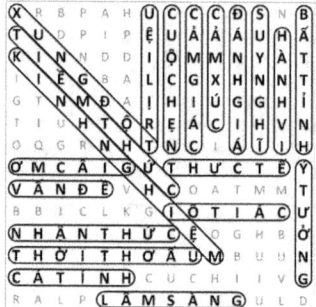

## 90 - Math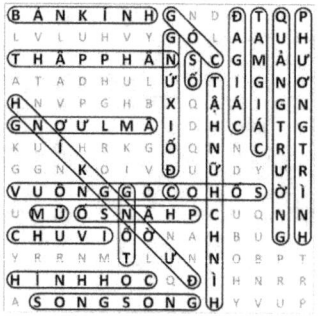

## 91 - Water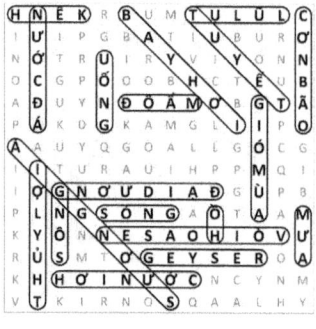

## 92 - Activities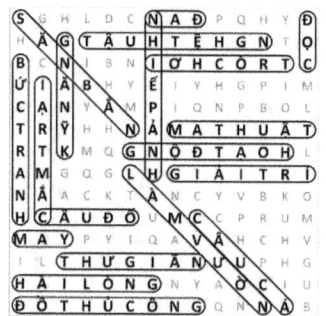

## 93 - Business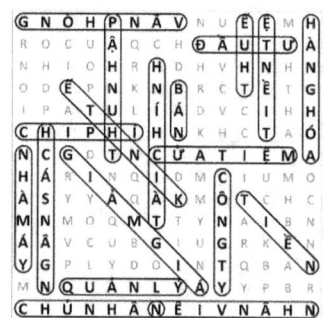

## 94 - The Company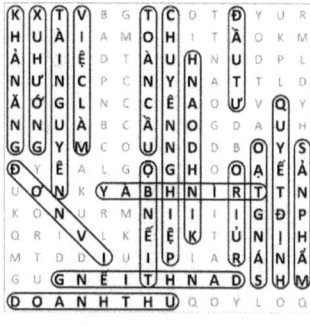

## 95 - Literature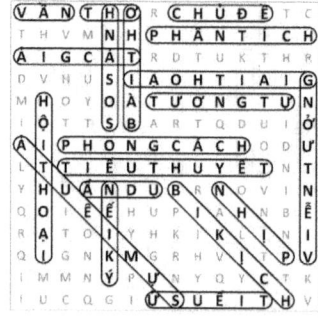

## 96 - Geography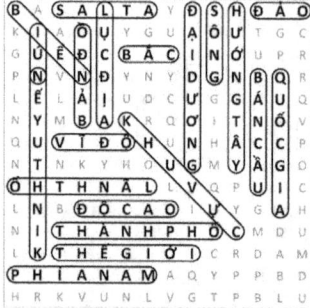

### 97 - Jazz
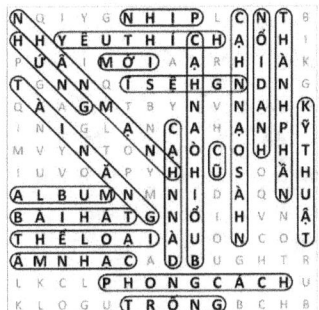

### 98 - Nature
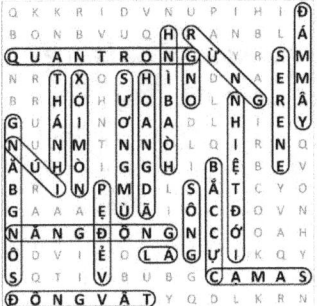

### 99 - Vacation #2
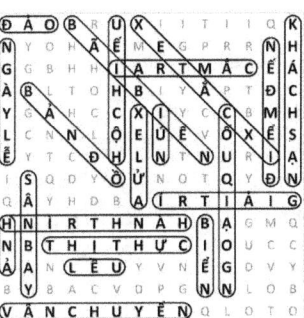

### 100 - Electricity
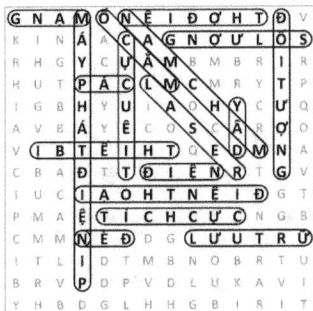

# Dictionary

### Activities
### Các Hoạt Động

| | |
|---|---|
| Activity | Hoạt Động |
| Art | Nghệ Thuật |
| Camping | Cắm Trại |
| Crafts | Đồ thủ Công |
| Fishing | Câu Cá |
| Games | Trò Chơi |
| Gardening | Làm Vườn |
| Hunting | Săn Bắn |
| Knitting | Đan |
| Leisure | Giải Trí |
| Magic | Ma Thuật |
| Painting | Bức Tranh |
| Photography | Nhiếp Ảnh |
| Pleasure | Hài Lòng |
| Puzzles | Câu Đố |
| Reading | Đọc |
| Relaxation | Thư Giãn |
| Sewing | May |
| Skill | Kỹ Năng |

### Activities and Leisure
### Và các Hoạt Động Giải Trí

| | |
|---|---|
| Art | Nghệ Thuật |
| Baseball | Bóng Chày |
| Basketball | Bóng Rổ |
| Boxing | Quyền Anh |
| Camping | Cắm Trại |
| Diving | Lặn |
| Fishing | Câu Cá |
| Gardening | Làm Vườn |
| Golf | Golf |
| Hobbies | Sở Thích |
| Painting | Bức Tranh |
| Relaxing | Thư Giãn |
| Shopping | Mua Sắm |
| Soccer | Bóng Đá |
| Surfing | Lướt |
| Swimming | Bơi Lội |
| Tennis | Quần Vợt |
| Travel | Du Lịch |
| Volleyball | Bóng Chuyền |

### Adjectives #1
### Tính từ số 1

| | |
|---|---|
| Absolute | Tuyệt Đối |
| Ambitious | Đầy Tham Vọng |
| Aromatic | Thơm |
| Artistic | Nghệ Thuật |
| Attractive | Hấp Dẫn |
| Beautiful | Đẹp |
| Dark | Tối |
| Exotic | Kỳ Lạ |
| Generous | Rộng Lượng |
| Happy | Vui Vẻ |
| Heavy | Nặng |
| Helpful | Hữu Ích |
| Honest | Trung Thực |
| Huge | Khổng Lồ |
| Important | Quan Trọng |
| Modern | Hiện Đại |
| Serious | Nghiêm Trọng |
| Slow | Chậm |
| Thin | Mỏng |
| Valuable | Quý |

### Adjectives #2
### Tính từ số 2

| | |
|---|---|
| Authentic | Thật |
| Creative | Sáng Tạo |
| Descriptive | Mô Tả |
| Dramatic | Kịch |
| Dry | Khô |
| Elegant | Thanh Lịch |
| Famous | Nổi Danh |
| Gifted | Năng Khiếu |
| Healthy | Khỏe Mạnh |
| Hot | Nóng |
| Hungry | Đói |
| Interesting | Thú Vị |
| Natural | Tự Nhiên |
| New | Mới |
| Productive | Màu Mỡ |
| Proud | Tự Hào |
| Salty | Mặn |
| Sleepy | Buồn Ngủ |
| Strong | Mạnh |
| Wild | Hoang Dã |

### Airplanes
### Máy Bay

| | |
|---|---|
| Altitude | Độ Cao |
| Atmosphere | Không Khí |
| Balloon | Bóng |
| Construction | Xây Dựng |
| Crew | Phi Hành Đoàn |
| Descent | Hạ Xuống |
| Design | Thiết Kế |
| Direction | Hướng |
| Engine | Động Cơ |
| Fuel | Nhiên Liệu |
| Height | Chiều Cao |
| History | Lịch Sử |
| Hydrogen | Hydro |
| Landing | Đổ Bộ |
| Launch | Phóng |
| Passenger | Hành Khách |
| Pilot | Phi Công |
| Propellers | Cánh Quạt |
| Sky | Bầu Trời |
| Turbulence | Nhiễu Loạn |

### Algebra
### Đại số Học

| | |
|---|---|
| Diagram | Sơ Đồ |
| Equation | Phương Trình |
| Exponent | Mũ |
| Factor | Tố |
| False | Sai |
| Formula | Công Thức |
| Fraction | Phân Số |
| Infinite | Vô Hạn |
| Linear | Tuyến Tính |
| Matrix | Ma Trận |
| Number | Số |
| Parenthesis | Ngoặc |
| Problem | Vấn Đề |
| Quantity | Số Lượng |
| Simplify | Đơn Giản Hóa |
| Solution | Giải Pháp |
| Solve | Giải Quyết |
| Subtraction | Phép Trừ |
| Variable | Biến |
| Zero | Số Không |

## Antarctica
### Nam Cực

| | |
|---|---|
| Bay | Vịnh |
| Birds | Chim |
| Clouds | Đám Mây |
| Conservation | Bảo Tồn |
| Continent | Lục Địa |
| Environment | Môi Trường |
| Geography | Môn địa Lý |
| Glaciers | Sông Băng |
| Ice | Băng |
| Islands | Đảo |
| Migration | Di Cư |
| Minerals | Khoáng Sản |
| Penguins | Chim Cánh Cụt |
| Peninsula | Bán Đảo |
| Rocky | Rocky |
| Scientific | Khoa Học |
| Temperature | Nhiệt Độ |
| Topography | Địa Hình |
| Water | Nước |
| Whales | Cá Voi |

## Antiques
### Đồ Cổ

| | |
|---|---|
| Art | Nghệ Thuật |
| Auction | Đấu Giá |
| Authentic | Thật |
| Century | Thế Kỷ |
| Coins | Đồng Xu |
| Collector | Thu |
| Condition | Điều Kiện |
| Decorative | Trang Trí |
| Elegant | Thanh Lịch |
| Furniture | Đồ nội Thất |
| Gallery | Bộ sưu Tập |
| Investment | Đầu Tư |
| Jewelry | Trang Sức |
| Old | Cũ |
| Price | Giá |
| Quality | Chất Lượng |
| Restoration | Phục Hồi |
| Sculpture | Điêu Khắc |
| Style | Phong Cách |
| Value | Giá Trị |

## Archeology
### Khảo cổ Học

| | |
|---|---|
| Analysis | Phân Tích |
| Ancient | Cổ |
| Bones | Xương |
| Civilization | Nền văn Minh |
| Era | Kỷ Nguyên |
| Evaluation | Đánh Giá |
| Expert | Chuyên Gia |
| Forgotten | Quên |
| Fossil | Hóa Thạch |
| Fragments | Mảnh |
| Mystery | Bí Ẩn |
| Objects | Đối Tượng |
| Pottery | Đồ Gốm |
| Professor | Giáo Sư |
| Relic | Di Tích |
| Ruins | Tàn Tích |
| Team | Đội |
| Temple | Ngôi Đền |
| Tomb | Mộ |
| Unknown | Không Rõ |

## Art Supplies
### Đồ Dùng Nghệ Thuật

| | |
|---|---|
| Acrylic | Acrylic |
| Brushes | Bàn Chải |
| Camera | Máy Ảnh |
| Chair | Ghế |
| Charcoal | Than |
| Clay | Đất Sét |
| Colors | Màu Sắc |
| Creativity | Sáng Tạo |
| Easel | Easel |
| Eraser | Tẩy |
| Glue | Keo |
| Ideas | Ý Tưởng |
| Ink | Mực |
| Oil | Dầu |
| Paints | Sơn |
| Paper | Giấy |
| Pencils | Bút Chì |
| Table | Bàn |
| Water | Nước |
| Watercolors | Màu Nước |

## Astronomy
### Thiên văn Học

| | |
|---|---|
| Astronaut | Phi Hành Gia |
| Celestial | Thiên |
| Comet | Sao Chổi |
| Constellation | Chòm Sao |
| Cosmos | Vũ Trụ |
| Earth | Trái Đất |
| Eclipse | Nhật Thực |
| Equinox | Phân |
| Galaxy | Thiên Hà |
| Meteor | Sao Băng |
| Moon | Mặt Trăng |
| Nebula | Tinh Vân |
| Observatory | Đài Quan Sát |
| Planet | Hành Tinh |
| Radiation | Bức Xạ |
| Rocket | Tên Lửa |
| Satellite | Vệ Tinh |
| Sky | Bầu Trời |
| Supernova | Siêu tân Tinh |
| Zodiac | Zodiac |

## Barbecues
### Ăn Thịt Nướng

| | |
|---|---|
| Chicken | Gà |
| Children | Trẻ Em |
| Dinner | Bữa Tối |
| Family | Gia Đình |
| Food | Thức Ăn |
| Forks | Forks |
| Friends | Bạn Bè |
| Fruit | Trái Cây |
| Games | Trò Chơi |
| Grill | Nướng |
| Hot | Nóng |
| Hunger | Đói |
| Knives | Dao |
| Music | Âm Nhạc |
| Salads | Salads |
| Salt | Muối |
| Sauce | Nước Xốt |
| Summer | Mùa Hè |
| Tomatoes | Cà Chua |
| Vegetables | Rau |

## Beach
### Trên bãi Biển,

| | |
|---|---|
| Blue | Màu Xanh |
| Boat | Thuyền |
| Coast | Bờ Biển |
| Crab | Cua |
| Dock | Dock |
| Island | Đảo |
| Lagoon | Đầm |
| Ocean | Đại Dương |
| Reef | Trả Lại |
| Sailboat | Thuyền Buồm |
| Sand | Cát |
| Sandals | Dép |
| Sea | Biển |
| Shells | Vỏ |
| Sun | Mặt Trời |
| Towel | Khăn |
| Umbrella | Ô |
| Vacation | Kỳ Nghỉ |

## Beauty
### Sắc Đẹp

| | |
|---|---|
| Charm | Quyến Rũ |
| Color | Màu |
| Cosmetics | Mỹ Phẩm |
| Curls | Curls |
| Elegance | Sang Trọng |
| Elegant | Thanh Lịch |
| Fragrance | Hương Thơm |
| Grace | Ân |
| Lipstick | Son Môi |
| Makeup | Trang Điểm |
| Mascara | Mascara |
| Mirror | Gương |
| Oils | Dầu |
| Photogenic | Ăn Ảnh |
| Scissors | Kéo |
| Services | Dịch Vụ |
| Shampoo | Dầu Gội |
| Skin | Da |
| Smooth | Mịn |
| Stylist | Stylist |

## Bees
### Những con Ong

| | |
|---|---|
| Beneficial | Có Lợi |
| Diversity | Đa Dạng |
| Ecosystem | Hệ Sinh Thái |
| Flowers | Hoa |
| Food | Thức Ăn |
| Fruit | Trái Cây |
| Garden | Vườn |
| Hive | Hive |
| Honey | Mật Ong |
| Insect | Côn Trùng |
| Plants | Cây |
| Pollen | Phấn Hoa |
| Pollinator | Thụ Phấn |
| Queen | Nữ Hoàng |
| Smoke | Khói |
| Sun | Mặt Trời |
| Swarm | Họp Lại |
| Wax | Sáp |
| Wings | Cánh |

## Birds
### Chim

| | |
|---|---|
| Canary | Canary |
| Chicken | Gà |
| Crow | Con Quạ |
| Cuckoo | Chim Cu |
| Dove | Yêu |
| Duck | Vịt |
| Eagle | Đại Bàng |
| Egg | Trứng |
| Flamingo | Flamingo |
| Goose | Ngỗng |
| Heron | Diệc |
| Ostrich | Đà Điểu |
| Parrot | Con Vẹt |
| Peacock | Công |
| Pelican | Bồ Nông |
| Penguin | Chim Cánh Cụt |
| Sparrow | Chim Sẻ |
| Stork | Cò |
| Swan | Thiên Nga |
| Toucan | Toucan |

## Boats
### Thuyền

| | |
|---|---|
| Anchor | Neo |
| Buoy | Phao |
| Canoe | Xuồng |
| Crew | Phi Hành Đoàn |
| Dock | Dock |
| Engine | Động Cơ |
| Ferry | Phà |
| Kayak | Kayak |
| Lake | Hồ |
| Mast | Cột Buồm |
| Nautical | Hải Lý |
| Ocean | Đại Dương |
| Raft | Bè |
| River | Sông |
| Rope | Dây Thừng |
| Sailboat | Thuyền Buồm |
| Sailor | Thủy Thủ |
| Sea | Biển |
| Tide | Thủy Triều |
| Yacht | Du Thuyền |

## Books
### Sách

| | |
|---|---|
| Author | Tác Giả |
| Character | Nhân Vật |
| Collection | Bộ sưu Tập |
| Context | Bối Cảnh |
| Duality | Kéo Dài |
| Historical | Lịch Sử |
| Humorous | Hài Hước |
| Inventive | Sáng Tạo |
| Literary | Văn Học |
| Novel | Tiểu Thuyết |
| Page | Trang |
| Poem | Bài Thơ |
| Poetry | Thơ |
| Reader | Người Đọc |
| Relevant | Có Liên Quan |
| Series | Loạt |
| Story | Câu Chuyện |
| Tragic | Bi Kịch |
| Words | Từ |
| Written | Viết |

## *Boxing*
### Quyền Anh

| | |
|---|---|
| **Bell** | Chuông |
| **Body** | Cơ Thể |
| **Chin** | Cằm |
| **Corner** | Góc |
| **Elbow** | Khuỷu Tay |
| **Exhausted** | Kiệt Sức |
| **Fighter** | Đấu Sĩ |
| **Fist** | Nắm Tay |
| **Focus** | Tiêu Điểm |
| **Gloves** | Găng Tay |
| **Injuries** | Chấn Thương |
| **Kick** | Đá |
| **Opponent** | Đối Thủ |
| **Points** | Điểm |
| **Quick** | Nhanh |
| **Recovery** | Phục Hồi |
| **Referee** | Trọng Tài |
| **Ropes** | Dây Thừng |
| **Skill** | Kỹ Năng |
| **Strength** | Sức Mạnh |

## *Buildings*
### Các tòa Nhà

| | |
|---|---|
| **Apartment** | Căn Hộ |
| **Barn** | Vựa |
| **Cabin** | Cabin |
| **Castle** | Lâu Đài |
| **Embassy** | Đại sứ Quán |
| **Factory** | Nhà Máy |
| **Farm** | Nông Trại |
| **Garage** | Ga-Ra |
| **Hospital** | Bệnh Viện |
| **Hostel** | Ký túc Xá |
| **Hotel** | Khách Sạn |
| **Museum** | Bảo Tàng |
| **Observatory** | Đài Quan Sát |
| **School** | Trường Học |
| **Stadium** | Sân vận Động |
| **Supermarket** | Siêu Thị |
| **Tent** | Lều |
| **Theater** | Rạp Hát |
| **Tower** | Tháp |
| **University** | Đại Học |

## *Business*
### Doanh Nghiệp

| | |
|---|---|
| **Budget** | Ngân Sách |
| **Career** | Nghề Nghiệp |
| **Company** | Công Ty |
| **Cost** | Chi Phí |
| **Currency** | Tiền Tệ |
| **Discount** | Giảm Giá |
| **Economics** | Kinh Tế |
| **Employee** | Nhân Viên |
| **Employer** | Chủ Nhân |
| **Factory** | Nhà Máy |
| **Finance** | Tài Chính |
| **Income** | Thu Nhập |
| **Investment** | Đầu Tư |
| **Manager** | Quản Lý |
| **Merchandise** | Hàng Hóa |
| **Money** | Tiền |
| **Office** | Văn Phòng |
| **Sale** | Bán |
| **Shop** | Cửa Tiệm |
| **Taxes** | Thuế |

## *Camping*
### Cắm Trại

| | |
|---|---|
| **Animals** | Động Vật |
| **Cabin** | Cabin |
| **Canoe** | Xuồng |
| **Compass** | La Bàn |
| **Equipment** | Thiết Bị |
| **Fire** | Lửa |
| **Forest** | Rừng |
| **Fun** | Vui Vẻ |
| **Hammock** | Võng |
| **Hat** | Mũ |
| **Hunting** | Săn Bắn |
| **Insect** | Côn Trùng |
| **Lake** | Hồ |
| **Map** | Bản Đồ |
| **Moon** | Mặt Trăng |
| **Mountain** | Núi |
| **Nature** | Thiên Nhiên |
| **Rope** | Dây Thừng |
| **Tent** | Lều |
| **Trees** | Cây |

## *Chemistry*
### Hóa Học

| | |
|---|---|
| **Acid** | Axit |
| **Alkaline** | Kiềm |
| **Atomic** | Nguyên Tử |
| **Carbon** | Carbon |
| **Catalyst** | Chất xúc Tác |
| **Chlorine** | Clo |
| **Electron** | Điện Tử |
| **Enzyme** | Enzyme |
| **Gas** | Khí |
| **Heat** | Nhiệt |
| **Hydrogen** | Hydro |
| **Ion** | Ion |
| **Liquid** | Chất Lỏng |
| **Molecule** | Phân Tử |
| **Nuclear** | Hạt Nhân |
| **Organic** | Hữu Cơ |
| **Oxygen** | Ôxy |
| **Salt** | Muối |
| **Temperature** | Nhiệt Độ |
| **Weight** | Cân Nặng |

## *Chess*
### Cờ Vua

| | |
|---|---|
| **Black** | Đen |
| **Champion** | Quán Quân |
| **Clever** | Thông Minh |
| **Contest** | Cuộc Thi |
| **Diagonal** | Đường Chéo |
| **Game** | Trò Chơi |
| **King** | Vua |
| **Opponent** | Đối Thủ |
| **Passive** | Thụ Động |
| **Player** | Người Chơi |
| **Points** | Điểm |
| **Queen** | Nữ Hoàng |
| **Rules** | Quy Tắc |
| **Sacrifice** | Hy Sinh |
| **Strategy** | Chiến Lược |
| **Time** | Thời Gian |
| **Tournament** | Giải Đấu |
| **White** | Trắng |

## Chocolate
### Sô-Cô-La

| | |
|---|---|
| Antioxidant | Antioxidant |
| Aroma | Thơm |
| Bitter | Đắng |
| Cacao | Cacao |
| Calories | Calo |
| Candy | Kẹo |
| Caramel | Caramel |
| Coconut | Dừa |
| Delicious | Ngon |
| Exotic | Kỳ Lạ |
| Favorite | Yêu Thích |
| Flavor | Hương Vị |
| Ingredient | Thành Phần |
| Peanuts | Đậu Phộng |
| Powder | Bột |
| Quality | Chất Lượng |
| Recipe | Công Thức |
| Sugar | Đường |
| Sweet | Ngọt |
| Taste | Vị |

## Circus
### Rạp Xiếc

| | |
|---|---|
| Acrobat | Acrobat |
| Animals | Động Vật |
| Balloons | Bóng Bay |
| Candy | Kẹo |
| Costume | Trang Phục |
| Elephant | Con Voi |
| Juggler | Tung Hứng |
| Lion | Sư Tử |
| Magic | Ma Thuật |
| Monkey | Khỉ |
| Music | Âm Nhạc |
| Show | Chỉ |
| Spectacular | Đẹp Mắt |
| Spectator | Khán Giả |
| Tent | Lều |
| Ticket | Vé |
| Tiger | Con Hổ |
| Trick | Lừa |

## Clothes
### Quần Áo

| | |
|---|---|
| Apron | Tạp Dề |
| Belt | Thắt Lưng |
| Blouse | Áo Cánh |
| Bracelet | Vòng Tay |
| Dress | Ăn |
| Fashion | Thời Trang |
| Gloves | Găng Tay |
| Hat | Mũ |
| Jacket | Áo Khoác |
| Jeans | Quần Jean |
| Jewelry | Trang Sức |
| Necklace | Vòng Cổ |
| Pajamas | Pajama |
| Pants | Quần |
| Sandals | Dép |
| Scarf | Khăn Quàng Cổ |
| Shirt | Áo sơ Mi |
| Shoe | Giày |
| Skirt | Váy |
| Sweater | Áo Len |

## Coffee
### Cà Phê

| | |
|---|---|
| Aroma | Thơm |
| Beverage | Đồ Uống |
| Bitter | Đắng |
| Black | Đen |
| Caffeine | Caffeine |
| Cream | Kem |
| Cup | Cốc |
| Filter | Bộ Lọc |
| Flavor | Hương Vị |
| Grind | Xay |
| Liquid | Chất Lỏng |
| Milk | Sữa |
| Morning | Buổi Sáng |
| Origin | Gốc |
| Price | Giá |
| Roasted | Rang |
| Sugar | Đường |
| To Drink | Uống |
| Water | Nước |

## Countries #1
### Quốc gia số 1

| | |
|---|---|
| Brazil | Brazil |
| Canada | Canada |
| Egypt | Ai Cập |
| Finland | Phần Lan |
| Germany | Đức |
| Iraq | Iraq |
| Israel | Israel |
| Italy | Ý |
| Latvia | Latvia |
| Libya | Libya |
| Morocco | Morocco |
| Nicaragua | Nicaragua |
| Norway | Na Uy |
| Panama | Panama |
| Poland | Ba Lan |
| Romania | Romania |
| Senegal | Senegal |
| Spain | Tây ban Nha |
| Venezuela | Venezuela |
| Vietnam | Việt Nam |

## Countries #2
### Quốc gia # 2

| | |
|---|---|
| Albania | Albania |
| Denmark | Đan Mạch |
| Ethiopia | Ethiopia |
| Greece | Hy Lạp |
| Haiti | Haiti |
| Jamaica | Jamaica |
| Japan | Nhật Bản |
| Laos | Lào |
| Lebanon | Lebanon |
| Liberia | Liberia |
| Mexico | Mexico |
| Nepal | Nepal |
| Nigeria | Nigeria |
| Pakistan | Pakistan |
| Russia | Nga |
| Somalia | Somalia |
| Sudan | Sudan |
| Syria | Syria |
| Uganda | Uganda |
| Ukraine | Ukraina |

## Creativity
### Sự Sáng Tạo

| | |
|---|---|
| Artistic | Nghệ Thuật |
| Authenticity | Tính xác Thực |
| Changing | Thay Đổi |
| Clarity | Rõ Ràng |
| Dramatic | Kịch |
| Emotions | Cảm Xúc |
| Expression | Biểu Hiện |
| Fluidity | Lỏng |
| Ideas | Ý Tưởng |
| Image | Ảnh |
| Impression | Ấn Tượng |
| Inspiration | Cảm Hứng |
| Intensity | Cường Độ |
| Intuition | Trực Giác |
| Inventive | Sáng Tạo |
| Sensation | Cảm Giác |
| Skill | Kỹ Năng |
| Spontaneous | Tự Phát |
| Visions | Tầm Nhìn |
| Vitality | Sức Sống |

## Dance
### Nhảy

| | |
|---|---|
| Academy | Học Viện |
| Art | Nghệ Thuật |
| Body | Cơ Thể |
| Choreography | Choreography |
| Classical | Cổ Điển |
| Cultural | Văn Hóa |
| Culture | Văn Hoá |
| Emotion | Cảm Xúc |
| Grace | Ân |
| Joyful | Vui Vẻ |
| Jump | Nhảy |
| Movement | Phong Trào |
| Music | Âm Nhạc |
| Partner | Đối Tác |
| Posture | Tư Thế |
| Rhythm | Nhịp |
| Traditional | Truyền Thống |
| Visual | Trực Quan |

## Days and Months
### Ngày và Tháng

| | |
|---|---|
| April | Tháng Tư |
| August | Ngày |
| Calendar | Lịch |
| February | Tháng Hai |
| Friday | Thứ Sáu |
| January | Tháng Một |
| July | Tháng Bảy |
| June | Tháng Sáu |
| May | Có Thể |
| Monday | Thứ Hai |
| Month | Tháng |
| October | Tháng Mười |
| Saturday | Thứ Bảy |
| September | Tháng 9 |
| Sunday | Chủ Nhật |
| Thursday | Thứ Năm |
| Tuesday | Thứ Ba |
| Wednesday | Thứ Tư |
| Week | Tuần |
| Year | Năm |

## Diplomacy
### Ngoại Giao

| | |
|---|---|
| Adviser | Cố Vấn |
| Ambassador | Đại Sứ |
| Citizens | Công Dân |
| Civic | Civic |
| Community | Cộng Đồng |
| Conflict | Xung Đột |
| Cooperation | Hợp Tác |
| Diplomatic | Ngoại Giao |
| Discussion | Thảo Luận |
| Embassy | Đại sứ Quán |
| Ethics | Đạo Đức |
| Government | Chính Phủ |
| Humanitarian | Nhân Đạo |
| Integrity | Toàn Vẹn |
| Justice | Sự Công Bằng |
| Politics | Chính Trị |
| Resolution | Nghị Quyết |
| Security | An Ninh |
| Solution | Giải Pháp |
| Treaty | Hiệp Ước |

## Driving
### Điều Khiển

| | |
|---|---|
| Accident | Tai Nạn |
| Brakes | Phanh |
| Car | Xe Hơi |
| Danger | Nguy Hiểm |
| Driver | Người lái Xe |
| Fuel | Nhiên Liệu |
| Garage | Ga-Ra |
| Gas | Khí |
| License | Giấy Phép |
| Map | Bản Đồ |
| Motor | Động Cơ |
| Motorcycle | Xe Máy |
| Pedestrian | Đi Bộ |
| Police | Cảnh Sát |
| Road | Đường |
| Safety | An Toàn |
| Speed | Tốc Độ |
| Traffic | Giao Thông |
| Truck | Xe Tải |
| Tunnel | Đường Hầm |

## Ecology
### Sinh Thái Học

| | |
|---|---|
| Climate | Khí Hậu |
| Communities | Cộng Đồng |
| Diversity | Đa Dạng |
| Drought | Hạn Hán |
| Fauna | Động Vật |
| Flora | Flora |
| Global | Toàn Cầu |
| Marine | Biển |
| Marsh | Marsh |
| Mountains | Núi |
| Natural | Tự Nhiên |
| Nature | Thiên Nhiên |
| Plants | Cây |
| Resources | Tài Nguyên |
| Species | Loài |
| Survival | Sự Sống Còn |
| Sustainable | Bền Vững |
| Vegetation | Thực Vật |

## Electricity
### Điện

| | |
|---|---|
| Battery | Pin |
| Cable | Cáp |
| Electric | Điện |
| Electrician | Thợ Điện |
| Equipment | Thiết Bị |
| Generator | Máy Phát Điện |
| Lamp | Đèn |
| Laser | Laser |
| Magnet | Nam Châm |
| Negative | Tiêu Cực |
| Network | Mạng |
| Objects | Đối Tượng |
| Positive | Tích Cực |
| Quantity | Số Lượng |
| Socket | Ổ Cắm |
| Storage | Lưu Trữ |
| Telephone | Điện Thoại |
| Wires | Dây |

## Emotions
### Những cảm Xúc

| | |
|---|---|
| Anger | Sự Phẫn Nộ |
| Bliss | Bliss |
| Boredom | Chán Nản |
| Calm | Lặng |
| Content | Nội Dung |
| Embarrassed | Xấu Hổ |
| Excited | Bị Kích Thích |
| Fear | Nỗi Sợ |
| Grateful | Tri Ân |
| Joy | Niềm Vui |
| Kindness | Lòng Tốt |
| Love | Yêu |
| Peace | Hòa Bình |
| Relaxed | Thư Giãn |
| Sadness | Nỗi Buồn |
| Satisfied | Hài Lòng |
| Sympathy | Cảm Thông |
| Tenderness | Dịu Dàng |
| Tranquility | Yên Bình |

## Energy
### Năng Lượng

| | |
|---|---|
| Battery | Pin |
| Carbon | Carbon |
| Diesel | Diesel |
| Electric | Điện |
| Electron | Điện Tử |
| Entropy | Entropy |
| Environment | Môi Trường |
| Fuel | Nhiên Liệu |
| Gasoline | Xăng |
| Heat | Nhiệt |
| Hydrogen | Hydro |
| Industry | Công Nghiệp |
| Motor | Động Cơ |
| Nuclear | Hạt Nhân |
| Photon | Photon |
| Pollution | Ô Nhiễm |
| Renewable | Tái Tạo |
| Steam | Hơi Nước |
| Turbine | Tua-Bin |
| Wind | Gió |

## Engineering
### Kỹ Thuật

| | |
|---|---|
| Angle | Góc |
| Axis | Trục |
| Calculation | Tính Toán |
| Construction | Xây Dựng |
| Depth | Độ Sâu |
| Diagram | Sơ Đồ |
| Diameter | Đường Kính |
| Diesel | Diesel |
| Distribution | Phân Phối |
| Energy | Năng Lượng |
| Gears | Bánh Răng |
| Levers | Đòn Bẩy |
| Liquid | Chất Lỏng |
| Machine | Máy |
| Measurement | Đo |
| Motor | Động Cơ |
| Propulsion | Đẩy |
| Stability | Ổn Định |
| Strength | Sức Mạnh |
| Structure | Kết Cấu |

## Family
### Gia Đình

| | |
|---|---|
| Ancestor | Tổ Tiên |
| Aunt | Dì |
| Brother | Anh Trai |
| Child | Con |
| Childhood | Thời thơ Ấu |
| Children | Trẻ Em |
| Cousin | Em Họ |
| Daughter | Con Gái |
| Grandfather | Ông |
| Grandmother | Bà |
| Grandson | Cháu Trai |
| Husband | Chồng |
| Mother | Mẹ |
| Nephew | Cháu |
| Niece | Cháu Gái |
| Paternal | Cha |
| Sister | Em Gái |
| Uncle | Chú |
| Wife | Vợ |

## Farm #1
### Trang Trại số 1

| | |
|---|---|
| Agriculture | Nông Nghiệp |
| Bee | Con Ong |
| Bison | Bò Rừng |
| Calf | Bắp Chân |
| Cat | Con Mèo |
| Chicken | Gà |
| Cow | Bò |
| Crow | Con Quạ |
| Dog | Chó |
| Donkey | Donkey |
| Fence | Hàng Rào |
| Fertilizer | Phân Bón |
| Field | Trường |
| Goat | Dê |
| Hay | Cỏ Khô |
| Honey | Mật Ong |
| Horse | Ngựa |
| Rice | Gạo |
| Seeds | Hạt Giống |
| Water | Nước |

## Farm #2
### Trang Trại số 2

| | |
|---|---|
| **Animals** | Động Vật |
| **Barley** | Lúa Mạch |
| **Barn** | Vựa |
| **Beehive** | Tổ Ong |
| **Corn** | Ngô |
| **Duck** | Vịt |
| **Farmer** | Nông Dân |
| **Food** | Thức Ăn |
| **Fruit** | Trái Cây |
| **Geese** | Ngỗng |
| **Irrigation** | Thủy Lợi |
| **Meadow** | Đồng Cỏ |
| **Milk** | Sữa |
| **Orchard** | Thẻ |
| **Ripe** | Chín |
| **Sheep** | Cừu |
| **Tractor** | Máy Kéo |
| **Vegetable** | Rau |
| **Wheat** | Lúa Mì |
| **Windmill** | Cối xay Gió |

## Fashion
### Thời Trang

| | |
|---|---|
| **Affordable** | Phải Chăng |
| **Boutique** | Cửa Hàng |
| **Buttons** | Nút |
| **Clothing** | Quần Áo |
| **Comfortable** | Thoải Mái |
| **Elegant** | Thanh Lịch |
| **Embroidery** | Nghề Thêu |
| **Expensive** | Đắt |
| **Fabric** | Vải |
| **Lace** | Ren |
| **Measurements** | Đo |
| **Minimalist** | Tối Giản |
| **Modern** | Hiện Đại |
| **Modest** | Khiêm Tốn |
| **Original** | Gốc |
| **Pattern** | Mẫu |
| **Practical** | Thực Tế |
| **Style** | Phong Cách |
| **Texture** | Kết Cấu |
| **Trend** | Xu Hướng |

## Fishing
### Đánh bắt Cá

| | |
|---|---|
| **Bait** | Mồi |
| **Basket** | Cái Rổ |
| **Beach** | Bãi Biển |
| **Boat** | Thuyền |
| **Cook** | Nấu |
| **Equipment** | Thiết Bị |
| **Exaggeration** | Phóng Đại |
| **Fins** | Vây |
| **Gills** | Mang |
| **Hook** | Móc |
| **Jaw** | Hàm |
| **Lake** | Hồ |
| **Ocean** | Đại Dương |
| **Patience** | Kiên Nhẫn |
| **River** | Sông |
| **Season** | Mùa |
| **Water** | Nước |
| **Weight** | Cân Nặng |
| **Wire** | Dây |

## Flowers
### Những Bông Hoa

| | |
|---|---|
| **Bouquet** | Bó Hoa |
| **Clover** | Cỏ ba Lá |
| **Daisy** | Daisy |
| **Dandelion** | Bồ Công Anh |
| **Gardenia** | Gardenia |
| **Hibiscus** | Dâm Bụt |
| **Jasmine** | Jasmine |
| **Lavender** | Hoa oải Hương |
| **Lilac** | Tử Đinh Hương |
| **Lily** | Hoa loa Kèn |
| **Magnolia** | Magnolia |
| **Orchid** | Phong Lan |
| **Peony** | Hoa mẫu Đơn |
| **Petal** | Cánh Hoa |
| **Plumeria** | Plumeria |
| **Poppy** | Poppy |
| **Rose** | Hoa Hồng |
| **Sunflower** | Hướng Dương |
| **Tulip** | Lời Khuyên |

## Food #1
### Thực Phẩm #1

| | |
|---|---|
| **Apricot** | Quả Mơ |
| **Barley** | Lúa Mạch |
| **Basil** | Húng Quế |
| **Carrot** | Cà Rốt |
| **Cinnamon** | Quế |
| **Garlic** | Tỏi |
| **Juice** | Nước Ép |
| **Lemon** | Chanh |
| **Milk** | Sữa |
| **Onion** | Hành |
| **Peanut** | Đậu Phụng |
| **Pear** | Lê |
| **Salad** | Salad |
| **Salt** | Muối |
| **Soup** | Súp |
| **Spinach** | Rau Bina |
| **Strawberry** | Dâu Tây |
| **Sugar** | Đường |
| **Tuna** | Cá Ngừ |
| **Turnip** | Củ Cải |

## Food #2
### Thực Phẩm #2

| | |
|---|---|
| **Apple** | Táo |
| **Artichoke** | Atisô |
| **Banana** | Chuối |
| **Broccoli** | Bông cải Xanh |
| **Celery** | Cần Tây |
| **Cheese** | Phô Mai |
| **Cherry** | Quả anh Đào |
| **Chicken** | Gà |
| **Chocolate** | Sô cô La |
| **Egg** | Trứng |
| **Eggplant** | Cà Tím |
| **Fish** | Cá |
| **Grape** | Nho |
| **Ham** | Giăm Bông |
| **Kiwi** | Quả Kiwi |
| **Mushroom** | Nấm |
| **Rice** | Gạo |
| **Tomato** | Cà Chua |
| **Wheat** | Lúa Mì |
| **Yogurt** | Sữa Chua |

## Force and Gravity
## Lực Lượng và Trọng Lực

| | |
|---|---|
| **Axis** | Trục |
| **Center** | Trung Tâm |
| **Discovery** | Khám Phá |
| **Distance** | Khoảng Cách |
| **Dynamic** | Năng Động |
| **Expansion** | Mở Rộng |
| **Friction** | Ma Sát |
| **Magnetism** | Từ Tính |
| **Magnitude** | Cường Độ |
| **Mechanics** | Cơ Khí |
| **Momentum** | Đà |
| **Motion** | Cử Động |
| **Orbit** | Quỹ Đạo |
| **Physics** | Vật Lý |
| **Pressure** | Sức Ép |
| **Properties** | Tính Chất |
| **Speed** | Tốc Độ |
| **Time** | Thời Gian |
| **Universal** | Phổ |
| **Weight** | Cân Nặng |

## Fruit
## Trái Cây

| | |
|---|---|
| **Apple** | Táo |
| **Apricot** | Quả Mơ |
| **Avocado** | Trái Bơ |
| **Banana** | Chuối |
| **Berry** | Quả Mọng |
| **Cherry** | Quả anh Đào |
| **Coconut** | Dừa |
| **Fig** | Hình |
| **Grape** | Nho |
| **Guava** | Ổi |
| **Kiwi** | Quả Kiwi |
| **Lemon** | Chanh |
| **Mango** | Trái Xoài |
| **Melon** | Dưa |
| **Nectarine** | Cây Xuân Đào |
| **Papaya** | Đu Đủ |
| **Peach** | Đào |
| **Pear** | Lê |
| **Pineapple** | Dứa |
| **Raspberry** | Mâm Xôi |

## Garden
## Khu Vườn

| | |
|---|---|
| **Bench** | Băng Ghế |
| **Bush** | Bụi Cây |
| **Fence** | Hàng Rào |
| **Flower** | Hoa |
| **Garage** | Ga-Ra |
| **Garden** | Vườn |
| **Grass** | Cỏ |
| **Hammock** | Võng |
| **Hose** | Vòi |
| **Orchard** | Thẻ |
| **Pond** | Ao |
| **Porch** | Hiên |
| **Rake** | Cào |
| **Rocks** | Đá |
| **Shovel** | Xẻng |
| **Soil** | Đất |
| **Terrace** | Sân Thượng |
| **Trampoline** | Tấm Bạt |
| **Tree** | Cây |
| **Weeds** | Weeds |

## Geography
## Môn địa Lý

| | |
|---|---|
| **Atlas** | Atlas |
| **City** | Thành Phố |
| **Continent** | Lục Địa |
| **Country** | Quốc Gia |
| **Elevation** | Độ Cao |
| **Hemisphere** | Bán Cầu |
| **Island** | Đảo |
| **Latitude** | Vĩ Độ |
| **Map** | Bản Đồ |
| **Meridian** | Kinh Tuyến |
| **Mountain** | Núi |
| **North** | Bắc |
| **Ocean** | Đại Dương |
| **Region** | Khu Vực |
| **River** | Sông |
| **Sea** | Biển |
| **South** | Phía Nam |
| **Territory** | Lãnh Thổ |
| **West** | Hướng Tây |
| **World** | Thế Giới |

## Geology
## Địa Chất Học

| | |
|---|---|
| **Acid** | Axit |
| **Calcium** | Calcium |
| **Cavern** | Hang Động |
| **Continent** | Lục Địa |
| **Coral** | San Hô |
| **Crystals** | Tinh Thể |
| **Cycles** | Chu Kỳ |
| **Earthquake** | Động Đất |
| **Erosion** | Xói Mòn |
| **Fossil** | Hóa Thạch |
| **Lava** | Dung Nham |
| **Layer** | Lớp |
| **Minerals** | Khoáng Sản |
| **Molten** | Nóng Chảy |
| **Plateau** | Cao Nguyên |
| **Quartz** | Thạch Anh |
| **Salt** | Muối |
| **Stalactite** | Nhũ Đá |
| **Stone** | Đá |
| **Volcano** | Núi Lửa |

## Geometry
## Hình Học

| | |
|---|---|
| **Angle** | Góc |
| **Calculation** | Tính Toán |
| **Circle** | Vòng Tròn |
| **Curve** | Đường Cong |
| **Diameter** | Đường Kính |
| **Dimension** | Kích Thước |
| **Equation** | Phương Trình |
| **Height** | Chiều Cao |
| **Horizontal** | Ngang |
| **Logic** | Hợp Lý |
| **Mass** | Khối Lượng |
| **Median** | Trung Bình |
| **Number** | Số |
| **Parallel** | Song Song |
| **Proportion** | Tỷ Lệ |
| **Segment** | Khúc |
| **Surface** | Bề Mặt |
| **Symmetry** | Đối Xứng |
| **Theory** | Học Thuyết |
| **Triangle** | Tam Giác |

## Government
### Chính Quyền

| | |
|---|---|
| Citizenship | Quốc Tịch |
| Civil | Dân Sự |
| Constitution | Hiến Pháp |
| Democracy | Dân Chủ |
| Discussion | Thảo Luận |
| District | Quận |
| Equality | Bình Đẳng |
| Independence | Độc Lập |
| Judicial | Tư Pháp |
| Justice | Sự Công Bằng |
| Law | Luật |
| Leader | Lãnh Đạo |
| Liberty | Tự Do |
| Monument | Monument |
| Nation | Quốc Gia |
| Peaceful | Hòa Bình |
| Politics | Chính Trị |
| Speech | Phát Biểu |
| State | Tiểu Bang |
| Symbol | Biểu Tượng |

## Hair Types
### Các Loại Tóc

| | |
|---|---|
| Bald | Hói |
| Black | Đen |
| Blond | Tóc Vàng |
| Braided | Bện |
| Braids | Braids |
| Brown | Màu Nâu |
| Colored | Màu |
| Curls | Curls |
| Curly | Xoăn |
| Dry | Khô |
| Gray | Màu Xám |
| Healthy | Khỏe Mạnh |
| Long | Dài |
| Shiny | Sáng Bóng |
| Short | Ngắn |
| Silver | Bạc |
| Soft | Mềm |
| Thick | Dày |
| Thin | Mỏng |
| White | Trắng |

## Health and Wellness #1
### Sức Khỏe và sức Khỏe # 1

| | |
|---|---|
| Active | Hoạt Động |
| Bacteria | Vi Khuẩn |
| Bones | Xương |
| Doctor | Bác Sĩ |
| Fracture | Gãy Xương |
| Habit | Thói Quen |
| Height | Chiều Cao |
| Hormones | Kích Thích Tố |
| Hunger | Đói |
| Injury | Chấn Thương |
| Medicine | Thuốc |
| Muscles | Cơ Bắp |
| Nerves | Dây Thần Kinh |
| Pharmacy | Tiệm Thuốc |
| Reflex | Phản Xạ |
| Relaxation | Thư Giãn |
| Skin | Da |
| Therapy | Trị Liệu |
| Treatment | Điều Trị |
| Virus | Vi Rút |

## Health and Wellness #2
### Sức Khỏe và sức Khỏe # 2

| | |
|---|---|
| Allergy | Dị Ứng |
| Anatomy | Giải Phẫu Học |
| Appetite | Ngon |
| Blood | Máu |
| Calorie | Calo |
| Dehydration | Mất Nước |
| Diet | Ăn Kiêng |
| Disease | Bệnh |
| Energy | Năng Lượng |
| Genetics | Di Truyền |
| Healthy | Khỏe Mạnh |
| Hospital | Bệnh Viện |
| Hygiene | Vệ Sinh |
| Infection | Nhiễm Trùng |
| Massage | Xoa Bóp |
| Nutrition | Dinh Dưỡng |
| Recovery | Phục Hồi |
| Stress | Căng Thẳng |
| Vitamin | Vitamin |
| Weight | Cân Nặng |

## Herbalism
### Chủ Nghĩa Thảo Dược

| | |
|---|---|
| Aromatic | Thơm |
| Basil | Húng Quế |
| Beneficial | Có Lợi |
| Culinary | Ẩm Thực |
| Fennel | Thì Là |
| Flavor | Hương Vị |
| Flower | Hoa |
| Garden | Vườn |
| Garlic | Tỏi |
| Green | Xanh |
| Ingredient | Thành Phần |
| Lavender | Hoa oải Hương |
| Marjoram | Lá Kinh Giới |
| Mint | Bạc Hà |
| Oregano | Oregano |
| Parsley | Mùi Tây |
| Plant | Thực Vật |
| Rosemary | Rosemary |
| Saffron | Nghệ Tây |
| Tarragon | Giấm |

## Hiking
### Đi bộ Đường Dài

| | |
|---|---|
| Animals | Động Vật |
| Boots | Giày Ống |
| Camping | Cắm Trại |
| Cliff | Vách Đá |
| Climate | Khí Hậu |
| Guides | Hướng Dẫn |
| Hazards | Mối Nguy Hiểm |
| Heavy | Nặng |
| Map | Bản Đồ |
| Mosquitoes | Muỗi |
| Mountain | Núi |
| Nature | Thiên Nhiên |
| Orientation | Sự Định Hướng |
| Parks | Công Viên |
| Preparation | Chuẩn Bị |
| Stones | Đá |
| Sun | Mặt Trời |
| Tired | Mệt |
| Water | Nước |
| Wild | Hoang Dã |

## House
### Nhà Ở

| | |
|---|---|
| Attic | Gác Xép |
| Broom | Chổi |
| Curtains | Rèm Cửa |
| Door | Cửa |
| Fence | Hàng Rào |
| Fireplace | Lò Sưởi |
| Floor | Sàn Nhà |
| Furniture | Đồ nội Thất |
| Garage | Ga-Ra |
| Garden | Vườn |
| Keys | Chìa Khóa |
| Kitchen | Nhà Bếp |
| Lamp | Đèn |
| Library | Thư Viện |
| Mirror | Gương |
| Roof | Mái Nhà |
| Room | Phòng |
| Shower | Vòi hoa Sen |
| Wall | Tường |
| Window | Cửa Sổ |

## Human Body
### Cơ thể con Người

| | |
|---|---|
| Ankle | Mắt Cá |
| Blood | Máu |
| Bones | Xương |
| Brain | Óc |
| Chin | Cằm |
| Ear | Tai |
| Elbow | Khuỷu Tay |
| Face | Đối Mặt |
| Finger | Ngón Tay |
| Hand | Tay |
| Head | Đầu |
| Heart | Tim |
| Jaw | Hàm |
| Knee | Đầu Gối |
| Leg | Chân |
| Mouth | Miệng |
| Neck | Cổ |
| Nose | Mũi |
| Shoulder | Vai |
| Skin | Da |

## Insects
### Côn Trùng

| | |
|---|---|
| Ant | Kiến |
| Aphid | Rệp |
| Bee | Con Ong |
| Beetle | Bọ Cánh Cứng |
| Butterfly | Bướm |
| Cicada | Con ve Sầu |
| Cockroach | Gián |
| Flea | Bọ Chét |
| Grasshopper | Châu Chấu |
| Hornet | Hornet |
| Ladybug | Ladybug |
| Larva | Ấu Trùng |
| Locust | Cào Cào |
| Mantis | Bọ Ngựa |
| Mosquito | Muỗi |
| Moth | Bướm Đêm |
| Termite | Mối |
| Wasp | Ong |
| Worm | Sâu |

## Jazz
### Nhạc Jazz

| | |
|---|---|
| Album | Album |
| Artist | Nghệ Sĩ |
| Composer | Nhà Soạn Nhạc |
| Composition | Thành Phần |
| Concert | Buổi hòa Nhạc |
| Drums | Trống |
| Emphasis | Nhấn Mạnh |
| Famous | Nổi Danh |
| Favorites | Yêu Thích |
| Genre | Thể Loại |
| Improvisation | Hứng |
| Music | Âm Nhạc |
| New | Mới |
| Old | Cũ |
| Orchestra | Dàn Nhạc |
| Rhythm | Nhịp |
| Song | Bài Hát |
| Style | Phong Cách |
| Talent | Tài Năng |
| Technique | Kỹ Thuật |

## Landscapes
### Phong Cảnh

| | |
|---|---|
| Beach | Bãi Biển |
| Cave | Hang |
| Cliff | Vách Đá |
| Desert | Sa Mạc |
| Estuary | Cửa Sông |
| Glacier | Sông Băng |
| Hill | Đồi |
| Island | Đảo |
| Lake | Hồ |
| Mountain | Núi |
| Oasis | Ốc Đảo |
| Ocean | Đại Dương |
| Peninsula | Bán Đảo |
| River | Sông |
| Sea | Biển |
| Swamp | Đầm Lầy |
| Tundra | Lãnh Nguyên |
| Valley | Thung Lũng |
| Volcano | Núi Lửa |
| Waterfall | Thác Nước |

## Literature
### Văn Học

| | |
|---|---|
| Analogy | Tương Tự |
| Analysis | Phân Tích |
| Anecdote | Giai Thoại |
| Author | Tác Giả |
| Biography | Tiểu Sử |
| Comparison | So Sánh |
| Conclusion | Phần kết Luận |
| Description | Sự Miêu Tả |
| Dialogue | Hội Thoại |
| Fiction | Viễn Tưởng |
| Metaphor | Ẩn Dụ |
| Novel | Tiểu Thuyết |
| Opinion | Ý Kiến |
| Poem | Bài Thơ |
| Poetic | Thơ |
| Rhyme | Vần |
| Rhythm | Nhịp |
| Style | Phong Cách |
| Theme | Chủ Đề |
| Tragedy | Bi Kịch |

## Mammals
### Động vật có Vú

| | |
|---|---|
| Bear | Gấu |
| Beaver | Hải Ly |
| Bull | Bò Đực |
| Cat | Con Mèo |
| Coyote | Coyote |
| Dog | Chó |
| Dolphin | Cá Heo |
| Elephant | Con Voi |
| Fox | Cáo |
| Giraffe | Hươu cao Cổ |
| Gorilla | Khỉ Đột |
| Horse | Ngựa |
| Kangaroo | Kangaroo |
| Lion | Sư Tử |
| Monkey | Khỉ |
| Rabbit | Thỏ |
| Sheep | Cừu |
| Whale | Cá Voi |
| Wolf | Chó Sói |
| Zebra | Ngựa Vằn |

## Math
### Toán Học

| | |
|---|---|
| Angles | Góc |
| Arithmetic | Số Học |
| Decimal | Thập Phân |
| Diameter | Đường Kính |
| Equation | Phương Trình |
| Exponent | Mũ |
| Fraction | Phân Số |
| Geometry | Hình Học |
| Numbers | Số |
| Parallel | Song Song |
| Perimeter | Chu Vi |
| Perpendicular | Vuông Góc |
| Polygon | Đa Giác |
| Radius | Bán Kính |
| Rectangle | Hình chữ Nhật |
| Square | Quảng Trường |
| Sum | Tổng |
| Symmetry | Đối Xứng |
| Triangle | Tam Giác |
| Volume | Âm Lượng |

## Measurements
### Các Phép Đo

| | |
|---|---|
| Byte | Byte |
| Centimeter | Centimet |
| Decimal | Thập Phân |
| Degree | Trình Độ |
| Depth | Độ Sâu |
| Gram | Gram |
| Height | Chiều Cao |
| Inch | Inch |
| Kilogram | Kilôgam |
| Kilometer | Kilômét |
| Length | Chiều Dài |
| Liter | Lít |
| Mass | Khối Lượng |
| Meter | Mét |
| Minute | Phút |
| Ounce | Ounce |
| Ton | Tấn |
| Volume | Âm Lượng |
| Weight | Cân Nặng |
| Width | Chiều Rộng |

## Meditation
### Thiền

| | |
|---|---|
| Acceptance | Chấp Nhận |
| Attention | Chú Ý |
| Breathing | Thở |
| Calm | Lặng |
| Clarity | Rõ Ràng |
| Compassion | Thương Hại |
| Emotions | Cảm Xúc |
| Gratitude | Lòng Biết Ơn |
| Habits | Thói Quen |
| Happiness | Hạnh Phúc |
| Kindness | Lòng Tốt |
| Mental | Tâm Thần |
| Mind | Lí Trí |
| Movement | Phong Trào |
| Music | Âm Nhạc |
| Nature | Thiên Nhiên |
| Peace | Hòa Bình |
| Perspective | Quan Điểm |
| Silence | Im Lặng |
| Thoughts | Suy Nghĩ |

## Music
### Âm Nhạc

| | |
|---|---|
| Album | Album |
| Ballad | Ballad |
| Chorus | Điệp Khúc |
| Classical | Cổ Điển |
| Harmony | Hòa Hợp |
| Instrument | Dụng Cụ |
| Lyrical | Trữ Tình |
| Melody | Giai Điệu |
| Microphone | Microphone |
| Musical | Âm Nhạc |
| Musician | Nhạc Sĩ |
| Opera | Opera |
| Poetic | Thơ |
| Recording | Ghi Âm |
| Rhythm | Nhịp |
| Rhythmic | Nhịp Nhàng |
| Sing | Hát |
| Singer | Ca Sĩ |
| Tempo | Tiến Độ |
| Vocal | Giọng Hát |

## Musical Instruments
### Nhạc Cụ

| | |
|---|---|
| Banjo | Bass |
| Bassoon | Dàn Nhạc |
| Cello | Cello |
| Chimes | Chuông |
| Clarinet | Clarinet |
| Drum | Trống |
| Drumsticks | Đùi |
| Flute | Sáo |
| Gong | Chiêng |
| Guitar | Đàn ghi Ta |
| Harp | Đàn Hạc |
| Mandolin | Mandolin |
| Marimba | Marimba |
| Percussion | Gõ |
| Piano | Dương Cầm |
| Saxophone | Saxophone |
| Tambourine | Lục Lạc |
| Trombone | Trombone |
| Trumpet | Kèn |
| Violin | Đàn vi ô Lông |

## Mythology
### Thần Thoại

| | |
|---|---|
| Archetype | Nguyên Mẫu |
| Behavior | Hành Vi |
| Beliefs | Niềm Tin |
| Creation | Sáng Tạo |
| Creature | Sinh Vật |
| Culture | Văn Hoá |
| Deities | Các vị Thần |
| Disaster | Thảm Họa |
| Heaven | Thiên Đường |
| Hero | Anh Hùng |
| Immortality | Sự bất Tử |
| Jealousy | Ghen |
| Labyrinth | Mê Cung |
| Legend | Truyền Thuyết |
| Lightning | Sét |
| Monster | Quái Vật |
| Mortal | Có Chết |
| Revenge | Trả Thù |
| Thunder | Sấm |
| Warrior | Chiến Binh |

## Nature
### Thiên Nhiên

| | |
|---|---|
| Animals | Động Vật |
| Arctic | Bắc Cực |
| Beauty | Vẻ Đẹp |
| Bees | Ong |
| Clouds | Đám Mây |
| Desert | Sa Mạc |
| Dynamic | Năng Động |
| Erosion | Xói Mòn |
| Fog | Sương Mù |
| Foliage | Lá |
| Forest | Rừng |
| Glacier | Sông Băng |
| Mountains | Núi |
| Peaceful | Hòa Bình |
| River | Sông |
| Sanctuary | Thánh |
| Serene | Serene |
| Tropical | Nhiệt Đới |
| Vital | Quan Trọng |
| Wild | Hoang Dã |

## Numbers
### Con Số

| | |
|---|---|
| Decimal | Thập Phân |
| Eight | Tám |
| Eighteen | Mười Tám |
| Fifteen | Mười Lăm |
| Five | Năm |
| Four | Bốn |
| Fourteen | Mười Bốn |
| Nine | Chín |
| Nineteen | Mười Chín |
| One | Một |
| Seven | Bảy |
| Seventeen | Mười Bảy |
| Six | Sáu |
| Sixteen | Mười Sáu |
| Ten | Mười |
| Thirteen | Mười Ba |
| Three | Ba |
| Twelve | Mười Hai |
| Twenty | Hai Mươi |
| Two | Hai |

## Nutrition
### Dinh Dưỡng

| | |
|---|---|
| Appetite | Ngon |
| Balanced | Cân Bằng |
| Bitter | Đắng |
| Calories | Calo |
| Carbohydrates | Carbohydrate |
| Diet | Ăn Kiêng |
| Digestion | Tiêu Hóa |
| Edible | Ăn Được |
| Fermentation | Lên Men |
| Flavor | Hương Vị |
| Habits | Thói Quen |
| Health | Sức Khỏe |
| Healthy | Khỏe Mạnh |
| Liquids | Chất Lỏng |
| Proteins | Protein |
| Quality | Chất Lượng |
| Sauce | Nước Xốt |
| Toxin | Độc Tố |
| Vitamin | Vitamin |
| Weight | Cân Nặng |

## Ocean
### Đại Dương

| | |
|---|---|
| Algae | Tảo |
| Coral | San Hô |
| Crab | Cua |
| Dolphin | Cá Heo |
| Eel | Lươn |
| Fish | Cá |
| Jellyfish | Sứa |
| Octopus | Bạch Tuộc |
| Oyster | Hàu |
| Reef | Trả Lại |
| Salt | Muối |
| Seaweed | Rong Biển |
| Shark | Cá Mập |
| Shrimp | Tôm |
| Sponge | Bọt Biển |
| Storm | Bão Táp |
| Tides | Thủy Triều |
| Tuna | Cá Ngừ |
| Turtle | Rùa |
| Whale | Cá Voi |

## Philanthropy
### Hoạt Động từ Thiện

| | |
|---|---|
| Charity | Từ Thiện |
| Children | Trẻ Em |
| Community | Cộng Đồng |
| Contacts | Liên Lạc |
| Donate | Tặng |
| Finance | Tài Chính |
| Funds | Quỹ |
| Generosity | Thế Hệ |
| Global | Toàn Cầu |
| Goals | Mục Tiêu |
| Groups | Nhóm |
| History | Lịch Sử |
| Honesty | Trung Thực |
| Humanity | Nhân Loại |
| Mission | Nhiệm Vụ |
| Need | Cần |
| People | Người |
| Programs | Chương Trình |
| Public | Công Cộng |
| Youth | Thanh Niên |

## Physics
### Vật Lý

| | |
|---|---|
| Acceleration | Gia Tốc |
| Atom | Nguyên Tử |
| Chaos | Hỗn Loạn |
| Chemical | Hóa Chất |
| Density | Mật Độ |
| Electron | Điện Tử |
| Engine | Động Cơ |
| Expansion | Mở Rộng |
| Formula | Công Thức |
| Frequency | Tần Số |
| Gas | Khí |
| Magnetism | Từ Tính |
| Mass | Khối Lượng |
| Mechanics | Cơ Khí |
| Molecule | Phân Tử |
| Nuclear | Hạt Nhân |
| Particle | Hạt |
| Speed | Tốc Độ |
| Universal | Phổ |
| Velocity | Vận Tốc |

## Plants
### Cây

| | |
|---|---|
| Bamboo | Tre |
| Bean | Hạt Đậu |
| Berry | Quả Mọng |
| Botany | Thực vật Học |
| Bush | Bụi Cây |
| Cactus | Xương Rồng |
| Fertilizer | Phân Bón |
| Flora | Flora |
| Flower | Hoa |
| Foliage | Lá |
| Forest | Rừng |
| Garden | Vườn |
| Grass | Cỏ |
| Ivy | Ivy |
| Moss | Rêu |
| Petal | Cánh Hoa |
| Root | Nguồn Gốc |
| Stem | Gốc |
| Tree | Cây |
| Vegetation | Thực Vật |

## Professions #1
### Nghề Nghiệp số 1

| | |
|---|---|
| Ambassador | Đại Sứ |
| Athlete | Lực Sĩ |
| Attorney | Luật Sư |
| Banker | Ngân Hàng |
| Dancer | Vũ Công |
| Doctor | Bác Sĩ |
| Editor | Biên tập Viên |
| Firefighter | Lính cứu Hỏa |
| Geologist | Nhà địa Chất |
| Hunter | Thợ Săn |
| Jeweler | Jeweler |
| Musician | Nhạc Sĩ |
| Nurse | Y Tá |
| Pharmacist | Dược Sĩ |
| Pianist | Nghệ sĩ Piano |
| Plumber | Plumber |
| Sailor | Thủy Thủ |
| Scientist | Nhà Khoa Học |
| Tailor | Thợ May |
| Veterinarian | Bác sĩ thú Y |

## Professions #2
### Nghề Nghiệp số 2

| | |
|---|---|
| Astronaut | Phi Hành Gia |
| Chemist | Nhà hóa Học |
| Dentist | Nha Sĩ |
| Detective | Thám Tử |
| Engineer | Kỹ Sư |
| Farmer | Nông Dân |
| Illustrator | Hoạ |
| Journalist | Nhà Báo |
| Librarian | Thủ Thư |
| Linguist | Nhà Ngôn Ngữ |
| Painter | Họa Sĩ |
| Philosopher | Triết Gia |
| Photographer | Nhiếp ảnh Gia |
| Physician | Bác Sĩ |
| Pilot | Phi Công |
| Politician | Chính trị Gia |
| Professor | Giáo Sư |
| Publisher | Nhà Xuất Bản |
| Teacher | Giáo Viên |

## Psychology
### Tâm lý Học

| | |
|---|---|
| Appointment | Cuộc Hẹn |
| Assessment | Đánh Giá |
| Behavior | Hành Vi |
| Childhood | Thời thơ Ấu |
| Clinical | Lâm Sàng |
| Cognition | Nhận Thức |
| Conflict | Xung Đột |
| Dreams | Giấc Mơ |
| Ego | Cái Tôi |
| Emotions | Cảm Xúc |
| Experiences | Kinh Nghiệm |
| Ideas | Ý Tưởng |
| Personality | Cá Tính |
| Problem | Vấn Đề |
| Reality | Thực Tế |
| Sensation | Cảm Giác |
| Subconscious | Tiềm Thức |
| Therapy | Trị Liệu |
| Thoughts | Suy Nghĩ |
| Unconscious | Bất Tỉnh |

## Restaurant #2
### Nhà Hàng số 2

| | |
|---|---|
| Beverage | Đồ Uống |
| Cake | Bánh |
| Chair | Ghế |
| Delicious | Ngon |
| Dinner | Bữa Tối |
| Eggs | Trứng |
| Fish | Cá |
| Fork | Cái Nĩa |
| Fruit | Trái Cây |
| Ice | Băng |
| Lunch | Bữa Trưa |
| Noodles | Mì |
| Salad | Salad |
| Salt | Muối |
| Soup | Súp |
| Spices | Gia Vị |
| Spoon | Cái Thìa |
| Vegetables | Rau |
| Waiter | Phục vụ Nam |
| Water | Nước |

## Science
### Khoa Học

| | |
|---|---|
| Atom | Nguyên Tử |
| Chemical | Hóa Chất |
| Climate | Khí Hậu |
| Data | Dữ Liệu |
| Evolution | Tiến Hóa |
| Experiment | Thí Nghiệm |
| Fact | Thực Tế |
| Fossil | Hóa Thạch |
| Gravity | Trọng Lực |
| Hypothesis | Giả Thuyết |
| Method | Phương Pháp |
| Minerals | Khoáng Sản |
| Molecules | Phân Tử |
| Nature | Thiên Nhiên |
| Observation | Quan Sát |
| Particles | Hạt |
| Physics | Vật Lý |
| Plants | Cây |
| Scientist | Nhà Khoa Học |

## Science Fiction
### Khoa học Viễn Tưởng

| | |
|---|---|
| Atomic | Nguyên Tử |
| Books | Sách |
| Chemicals | Hóa Chất |
| Clones | Nhái |
| Distant | Xa Xôi |
| Dystopia | Dystopia |
| Explosion | Nổ |
| Extreme | Cực |
| Fantastic | Tuyệt Vời |
| Fire | Lửa |
| Futuristic | Tương Lai |
| Galaxy | Thiên Hà |
| Illusion | Ảo Giác |
| Imaginary | Tưởng Tượng |
| Mysterious | Bí Ẩn |
| Oracle | Oracle |
| Planet | Hành Tinh |
| Technology | Công Nghệ |
| Utopia | Utopia |
| World | Thế Giới |

## Scientific Disciplines
### Các Ngành Khoa Học

| | |
|---|---|
| Anatomy | Giải Phẫu Học |
| Archaeology | Khảo cổ Học |
| Astronomy | Thiên văn Học |
| Biochemistry | Hóa Sinh |
| Biology | Sinh Học |
| Botany | Thực vật Học |
| Chemistry | Hóa Học |
| Ecology | Sinh Thái |
| Geology | Địa Chất Học |
| Immunology | Miễn Dịch |
| Kinesiology | Kinesiology |
| Linguistics | Ngôn Ngữ |
| Mechanics | Cơ Khí |
| Meteorology | Khí Tượng Học |
| Mineralogy | Khoáng |
| Neurology | Thần Kinh |
| Physiology | Sinh lý Học |
| Psychology | Tâm Lý |
| Sociology | Xã hội Học |
| Zoology | Động vật Học |

## Shapes
### Hình Dạng

| | |
|---|---|
| Arc | Cung |
| Circle | Vòng Tròn |
| Cone | Nón |
| Corner | Góc |
| Curve | Đường Cong |
| Cylinder | Hình Trụ |
| Edges | Cạnh |
| Ellipse | Ellipse |
| Hyperbola | Hyperbola |
| Line | Hàng |
| Polygon | Đa Giác |
| Prism | Lăng |
| Pyramid | Kim tự Tháp |
| Rectangle | Hình chữ Nhật |
| Round | Vòng |
| Side | Bên |
| Sphere | Cầu |
| Square | Quảng Trường |
| Triangle | Tam Giác |

## Spices
### Gia Vị

| | |
|---|---|
| Anise | Cây Hồi |
| Bitter | Đắng |
| Cardamom | Thảo Quả |
| Cinnamon | Quế |
| Clove | Đinh Hương |
| Coriander | Rau Mùi |
| Cumin | Cây thì Là |
| Curry | Cà Ri |
| Fennel | Thì Là |
| Fenugreek | Cỏ cà Ri |
| Flavor | Hương Vị |
| Garlic | Tỏi |
| Ginger | Gừng |
| Nutmeg | Nhục đậu Khấu |
| Onion | Hành |
| Paprika | Ớt cựa Gà |
| Saffron | Nghệ Tây |
| Salt | Muối |
| Sweet | Ngọt |
| Vanilla | Vani |

## Technology
### Công Nghệ

| | |
|---|---|
| Blog | Blog |
| Browser | Trình Duyệt |
| Bytes | Nội |
| Camera | Máy Ảnh |
| Computer | Máy Tính |
| Cursor | Con Trỏ |
| Data | Dữ Liệu |
| Digital | Kỹ Thuật Số |
| Display | Trưng Bày |
| File | Tập Tin |
| Font | Chữ |
| Internet | Internet |
| Message | Thông Điệp |
| Research | Nghiên Cứu |
| Screen | Màn |
| Security | An Ninh |
| Software | Phần Mềm |
| Statistics | Thống Kê |
| Virtual | Ảo |
| Virus | Vi Rút |

## The Company
### Các Công Ty

| | |
|---|---|
| Business | Kinh Doanh |
| Creative | Sáng Tạo |
| Decision | Quyết Định |
| Employment | Việc Làm |
| Global | Toàn Cầu |
| Industry | Công Nghiệp |
| Investment | Đầu Tư |
| Possibility | Khả Năng |
| Presentation | Trình Bày |
| Product | Sản Phẩm |
| Professional | Chuyên Nghiệp |
| Progress | Tiến Bộ |
| Quality | Chất Lượng |
| Reputation | Danh Tiếng |
| Resources | Tài Nguyên |
| Revenue | Doanh Thu |
| Risks | Rủi Ro |
| Trends | Xu Hướng |
| Units | Đơn Vị |
| Wages | Tiền Lương |

## The Media
### Các Phương Tiện Truyền T

| | |
|---|---|
| Advertisements | Quảng Cáo |
| Attitudes | Thái Độ |
| Commercial | Thương Mại |
| Communication | Liên Lạc |
| Digital | Kỹ Thuật Số |
| Edition | Phiên Bản |
| Education | Giáo Dục |
| Facts | Sự Thật |
| Funding | Kinh Phí |
| Images | Hình Ảnh |
| Individual | Cá Nhân |
| Industry | Công Nghiệp |
| Intellectual | Trí Tuệ |
| Local | Địa Phương |
| Network | Mạng |
| Newspapers | Báo |
| Online | Trực Tuyến |
| Opinion | Ý Kiến |
| Public | Công Cộng |
| Radio | Đài |

## Time
### Thời Gian

| | |
|---|---|
| Annual | Hàng Năm |
| Before | Trước |
| Calendar | Lịch |
| Century | Thế Kỷ |
| Clock | Đồng Hồ |
| Day | Ngày |
| Decade | Thập Kỷ |
| Future | Tương Lai |
| Hour | Giờ |
| Minute | Phút |
| Month | Tháng |
| Morning | Buổi Sáng |
| Night | Đêm |
| Noon | Buổi Trưa |
| Now | Bây Giờ |
| Soon | Sớm |
| Today | Hôm Nay |
| Week | Tuần |
| Year | Năm |
| Yesterday | Hôm Qua |

## Vacation #2
### Kỳ Nghỉ số 2

| | |
|---|---|
| Airport | Sân Bay |
| Beach | Bãi Biển |
| Camping | Cắm Trại |
| Destination | Điểm Đến |
| Foreign | Ngoại Quốc |
| Holiday | Ngày Lễ |
| Hotel | Khách Sạn |
| Island | Đảo |
| Journey | Hành Trình |
| Leisure | Giải Trí |
| Map | Bản Đồ |
| Mountains | Núi |
| Passport | Hộ Chiếu |
| Photos | Ảnh |
| Sea | Biển |
| Taxi | Xe tắc Xi |
| Tent | Lều |
| Train | Xe Lửa |
| Transportation | Vận Chuyển |
| Visa | Thị Thực |

## Vegetables
### Rau Củ

| | |
|---|---|
| Artichoke | Atisô |
| Broccoli | Bông cải Xanh |
| Carrot | Cà Rốt |
| Cauliflower | Súp Lơ |
| Celery | Cần Tây |
| Cucumber | Dưa Chuột |
| Eggplant | Cà Tím |
| Garlic | Tỏi |
| Ginger | Gừng |
| Mushroom | Nấm |
| Olive | Ô Liu |
| Onion | Hành |
| Parsley | Mùi Tây |
| Pea | Đậu |
| Pumpkin | Quả bí Ngô |
| Salad | Salad |
| Shallot | Củ Hẹ |
| Spinach | Rau Bina |
| Tomato | Cà Chua |
| Turnip | Củ Cải |

## Vehicles
### Xe Cộ

| | |
|---|---|
| Airplane | Máy Bay |
| Ambulance | Xe cứu Thương |
| Bicycle | Xe Đạp |
| Boat | Thuyền |
| Bus | Xe Buýt |
| Car | Xe Hơi |
| Caravan | Caravan |
| Ferry | Phà |
| Motor | Động Cơ |
| Raft | Bè |
| Rocket | Tên Lửa |
| Scooter | Xe tay Ga |
| Submarine | Tàu Ngầm |
| Subway | Xe Điện Ngầm |
| Taxi | Xe tắc Xi |
| Tires | Lốp |
| Tractor | Máy Kéo |
| Train | Xe Lửa |
| Truck | Xe Tải |
| Van | Van |

## Virtues #1
### Đức Hạnh số 1

| | |
|---|---|
| Artistic | Nghệ Thuật |
| Charming | Quyến Rũ |
| Clean | Dọn Dẹp |
| Curious | Tò Mò |
| Decisive | Quyết Định |
| Efficient | Hiệu Quả |
| Funny | Buồn Cười |
| Generous | Rộng Lượng |
| Good | Tốt |
| Helpful | Hữu Ích |
| Imaginative | Tưởng Tượng |
| Independent | Độc Lập |
| Intelligent | Thông Minh |
| Modest | Khiêm Tốn |
| Passionate | Đam Mê |
| Patient | Kiên Nhẫn |
| Practical | Thực Tế |
| Reliable | Đáng tin Cậy |
| Wise | Khôn Ngoan |

## Visual Arts
### Nghệ Thuật thị Giác

| | |
|---|---|
| Architecture | Kiến Trúc |
| Artist | Nghệ Sĩ |
| Chalk | Phấn |
| Clay | Đất Sét |
| Composition | Thành Phần |
| Creativity | Sáng Tạo |
| Easel | Vẽ |
| Film | Phim Ảnh |
| Masterpiece | Kiệt Tác |
| Painting | Bức Tranh |
| Pen | Cái Bút |
| Pencil | Bút Chì |
| Perspective | Quan Điểm |
| Photograph | Ảnh Chụp |
| Portrait | Chân Dung |
| Pottery | Đồ Gốm |
| Sculpture | Điêu Khắc |
| Stencil | Giấy Nến |
| Wax | Sáp |

## Water
### Nước

| | |
|---|---|
| Canal | Kênh |
| Drinkable | Uống |
| Evaporation | Bay Hơi |
| Flood | Lũ Lụt |
| Frost | Sương Giá |
| Geyser | Geyser |
| Hurricane | Cơn Bão |
| Ice | Nước Đá |
| Irrigation | Thủy Lợi |
| Lake | Hồ |
| Moisture | Độ Ẩm |
| Monsoon | Gió Mùa |
| Ocean | Đại Dương |
| Rain | Mưa |
| River | Sông |
| Shower | Vòi hoa Sen |
| Snow | Tuyết |
| Steam | Hơi Nước |
| Waves | Sóng |

## Weather
### Thời Tiết

| | |
|---|---|
| Atmosphere | Không Khí |
| Climate | Khí Hậu |
| Cloud | Đám Mây |
| Drought | Hạn Hán |
| Dry | Khô |
| Flood | Lũ Lụt |
| Fog | Sương Mù |
| Hurricane | Cơn Bão |
| Ice | Nước Đá |
| Lightning | Sét |
| Monsoon | Gió Mùa |
| Polar | Cực |
| Rainbow | Cầu Vồng |
| Sky | Bầu Trời |
| Storm | Bão Táp |
| Temperature | Nhiệt Độ |
| Thunder | Sấm Sét |
| Tornado | Lốc Xoáy |
| Tropical | Nhiệt Đới |
| Wind | Gió |

# Congratulations

**You made it!**

We hope you enjoyed this book as much as we enjoyed making it. We do our best to make high quality games.
These puzzles are designed in a clever way for you to learn actively while having fun!

Did you love them?

-------

## A Simple Request

Our books exist thanks your reviews. Could you help us by leaving one now?

Here is a short link which will take you to your order review page:

**BestBooksActivity.com/Review50**

# MONSTER CHALLENGE!

## Challenge #1

Ready for Your Bonus Game? We use them all the time but they are not so easy to find. Here are **Synonyms**!

Note 5 words you discovered in each of the Puzzles noted below (#21, #36, #76) and try to find 2 synonyms for each word.

### Note 5 Words from **Puzzle 21**

| Words | Synonym 1 | Synonym 2 |
|---|---|---|
|  |  |  |
|  |  |  |
|  |  |  |
|  |  |  |
|  |  |  |

### Note 5 Words from **Puzzle 36**

| Words | Synonym 1 | Synonym 2 |
|---|---|---|
|  |  |  |
|  |  |  |
|  |  |  |
|  |  |  |
|  |  |  |

### Note 5 Words from **Puzzle 76**

| Words | Synonym 1 | Synonym 2 |
|---|---|---|
|  |  |  |
|  |  |  |
|  |  |  |
|  |  |  |
|  |  |  |

# Challenge #2

Now that you are warmed-up, note 5 words you discovered in each Puzzle noted below (#9, #17, #25) and try to find 2 antonyms for each word. How many lines can you do in 20 minutes?

### Note 5 Words from **Puzzle 9**

| Words | Antonym 1 | Antonym 2 |
|---|---|---|
|  |  |  |
|  |  |  |
|  |  |  |
|  |  |  |
|  |  |  |

### Note 5 Words from **Puzzle 17**

| Words | Antonym 1 | Antonym 2 |
|---|---|---|
|  |  |  |
|  |  |  |
|  |  |  |
|  |  |  |
|  |  |  |

### Note 5 Words from **Puzzle 25**

| Words | Antonym 1 | Antonym 2 |
|---|---|---|
|  |  |  |
|  |  |  |
|  |  |  |
|  |  |  |
|  |  |  |

# Challenge #3

Wonderful, this monster challenge is nothing to you!

Ready for the last one? Choose your 10 favorite words discovered in any of the Puzzles and note them below.

| | |
|---|---|
| 1. | 6. |
| 2. | 7. |
| 3. | 8. |
| 4. | 9. |
| 5. | 10. |

Now, using these words and within a maximum of six sentences, your challenge is to compose a text about a person, animal or place that you love!

*Tip: You can use the last blank page of this book as a draft!*

## Your Writing:

# Explore a Unique Store Set Up **FOR YOU!**

## BestActivityBooks.com/TheStore

Designed for Entertainment!

Light Up Your Brain With Unique **Gift Ideas**.

Access **Surprising** And **Essential Supplies!**

CHECK OUT OUR MONTHLY SELECTION NOW!

- **Expertly Crafted Products** -

# NOTEBOOK:

# SEE YOU SOON!

*Linguas Classics Team*

www.ingramcontent.com/pod-product-compliance
Lightning Source LLC
LaVergne TN
LVHW060321080526
838202LV00053B/4387